高等职业教育会计专业富媒体智能型·工学结合系列教材

石道元 王伟 主编

会计信息化习题与实训 用友T3版

第二版

Accounting Informatization Exercise and Training

东北财经大学出版社
Dongbei University of Finance & Economics Press
大连

图书在版编目（CIP）数据

会计信息化习题与实训 / 石道元，王伟主编．—2版．—大连：东北财经大学出版社，2020.11
（高等职业教育会计专业富媒体智能型·工学结合系列教材）
ISBN 978-7-5654-3919-3

Ⅰ．会…　Ⅱ．①石…②王…　Ⅲ．会计信息-财务管理系统-高等职业教育-教材　Ⅳ．F232

中国版本图书馆CIP数据核字（2020）第133274号

东北财经大学出版社出版
（大连市黑石礁尖山街217号　邮政编码　116025）
网　址：http://www.dufep.cn
读者信箱：dufep@dufe.edu.cn
大连图腾彩色印刷有限公司印刷　东北财经大学出版社发行

幅面尺寸：185mm×260mm　字数：334千字　印张：16　插页：1
2020年11月第2版　2020年11月第1次印刷

责任编辑：王天华　刘慧美　责任校对：陈　辰
封面设计：冀贵收　版式设计：原　皓

定价：38.00元

教学支持　售后服务　联系电话：（0411）84710309

如有印装质量问题，请联系营销部：（0411）84710711

第二版前言

本书作为《会计信息化》教材的配套辅助教材，自2016年11月出版以来，已先后印刷多次，得到了使用学校师生的一致好评。在此，全体编写组成员对给予本书大力支持和帮助的各校师生深表感谢。

近年来，我国企业会计准则、相关法规和制度发生了较大变化。2017年财政部发布了《企业会计准则第42号——持有待售的非流动资产、处置组和终止经营》，修订了《企业会计准则第14号——收入》《企业会计准则第 22号——金融工具确认和计量》等准则；2018年财政部相继发布了《关于修订印发2018年度一般企业财务报表格式的通知》《关于修订印发2018年度金融企业财务报表格式的通知》等文件通知；2019年，财政部又发布了《关于修订印发2019年度一般企业财务报表格式的通知》。同时，自2016年5月1日“营改增”政策全面推行以来，2018年5月1日起国家又降低了两档增值税税率。2019年4月1日起，制造业等行业现行16%的增值税税率降至13%，交通运输业、建筑业等行业现行10%的增值税税率降至9%。在个人所得税方面，近年来国家相关部门先后修订了《中华人民共和国个人所得税法》，发布了《国务院关于印发个人所得税专项附加扣除暂行办法的通知》《关于严格按照5 000元费用减除标准执行税收政策的公告》《个人所得税专项附加扣除操作办法（试行）》等文件。这些法规规章的变化对会计信息化教学产生了深远影响。

为了体现近年来会计准则及相关法规规章制度的最新变化，我们在本书的修订过程中主要作出了如下调整：

（1）根据财政部新发布和修订的企业会计准则及有关财务报表列报格式的规定，对书中的相关内容进行了全面修改。

（2）全面梳理和修改了有关增值税、个人所得税调整变化方面的内容。

（3）全面更新和修改了书中的分项实训、综合实训和模拟实训案例背景资料及实例账套。

本书的修订编写由重庆工商大学石道元，以及重庆航天职业技术学院王伟、宋伟、刘楠、韩英锋等5人完成。具体编写分工如下：王伟修订编写第二部分、第五部分及第一部分项目九、项目十、项目十一和项目十二；石道元修订编写第一部分项目一、项目二和项目三；刘楠修订编写第一部分项目四、项目五和项目六；宋伟修订编写第四部分及第一部分项目七、项目八；王伟、韩艳梅共同修订编写第三部分。全书由石道元、王伟负责总纂，由重庆市代理记账行业协会会长、重庆贤内助财务咨询有限公司总经理冯璞负责审稿。

为便于教学与自学，本书提供了课程标准、用友畅捷通T3 v11.2软件（试用版）、微课操作视频、PPT教学课件、分项实训账套、综合实训账套、会计技能大赛会计信息化全真模拟训练账套、已安装好用友畅捷通T3 v11.2软件（试用版）的VMware虚拟机文件等系列电子教学资源。以上电子教学资源均放在百度网盘上，百度网盘地址：https：//pan.baidu.com/s/18K5uEXKSUJYpPmEkFiai0Q，提取码：ikg7 。

由于学识有限，虽然我们力求完美，但书中难免会有疏漏和不当之处，恳请读者不吝赐教、批评指正，以便此书在今后的修订中不断完善。

编　者

2020年11月

目 录

第一部分 习题训练

第二部分 分项实训

第三部分 综合实训

第四部分 综合测试

第五部分　会计技能大赛会计信息化全真模拟训练

参考答案

第一部分

习题训练

项目一

会计信息化认知

任务一　走进会计信息化

一、判断题（正确的打“√”，错误的打“×”）

1.手工方式与会计电算化方式的账务处理流程基本相似。（　）

2.会计电算化是一切会计信息化工作的基础。（　）

3.会计信息化的最终目标是为管理、决策服务。（　）

4.广义的会计电算化是指与实现电算化有关的所有工作。（　）

5.会计电算化不需要对账，因为原始会计数据在输入过程中要经过计算机的逻辑校验，所有日记账、明细账、总账的数据都是由计算机对输入的会计凭证进行处理产生的，不会发生账证不符、账账不符的情况。（　）

6.会计信息化在会计电算化工作的基础上，以构建和实施有效的企业内部控制为指引，集成管理企业的各种资源和信息。（　）

7.会计电算化是指企业利用计算机、网络通信等现代信息技术手段开展会计核算，以及利用上述技术手段将会计核算与其他经营管理活动有机结合的过程。（　）

8.会计信息和业务信息实现集成后，信息的有效共享和利用仍无法实现。（　）

9.会计电算化是会计信息化的初级阶段，是会计信息化的基础工作。（　）

10.由于会计核算具有自动化、集中化的特点，因此计算机可以根据程序和指令在极短的时间内自动完成会计数据的分类、汇总、计算、传递及报告等工作。（　）

11.会计信息系统能够在业务系统中实时自动采集大量会计信息，并自动生成记账凭证，从而消除“信息孤岛”。（　）

12.会计电算化与会计信息化从本质上讲是不同的。（　）

13.会计信息化是会计电算化发展的必然结果。（　）

14.会计电算化强调会计信息系统的运行按照我国统一的会计制度的要求规范操作。（　）

15.会计信息系统是会计信息化的组成内容。（　）

16.会计信息化不会改变会计信息系统的数据来源。（　）

17.计算机能否输出正确的会计信息，完全取决于处理程序的正确与否。（　）

18.会计信息系统与其他业务系统之间不能由系统自动传递数据。（　）

19.由于采用会计核算软件，一些基本的会计理论与会计方法已经不能适应发展的需要。（　）

二、单项选择题

1.“会计电算化”一词始于（　）。

A.1981年　　B.1974年　　C.1989年　　D.1993年

2.利用信息技术对会计数据进行采集、存储和处理，完成会计核算任务，并提供会计管理、分析与决策的系统是（ ）。

A.ERP系统 B.会计电算化系统

C.会计信息系统 D.管理信息系统

3.在会计电算化方式下，会计软件运用适当的处理程序和逻辑控制，能够避免在手工会计处理方式下出现的一些错误，这体现了会计电算化（ ）的特征。

A.人机结合 B.会计核算软件自动化、集中化

C.数据处理及时、准确 D.内部控制多样化

4.狭义的会计电算化指的是（ ）。

A.在会计工作中应用计算机 B.电子信息技术在会计工作中的应用

C.电子信息技术在会计核算中的应用 D.电子信息技术在财务管理中的应用

5.下列有关会计电算化和会计信息化关系的表述中，正确的是（ ）。

A.会计电算化是会计信息化的初级阶段

B.会计电算化是会计信息化的高级阶段

C.会计信息化是会计电算化的初级阶段

D.会计信息化是会计电算化的高级阶段

6.下列各项中，属于会计核算软件和手工会计核算相同点的是（ ）。

A.遵守共同的基本会计理论和会计方法

B.记账规则完全相同

C.会计信息载体相同

D.账务处理流程相同

7.下列各项中，能促进与业务信息系统的一体化，通过业务的处理直接驱动会计记账的是（ ）。

A.决策支持系统 B.管理信息系统

C.ERP系统 D.会计信息系统

8.在会计电算化方式下，会计核算基本实现了自动化，但仍需手工完成的工作是（ ）。

A.登记账簿 B.会计数据的收集

C.记账 D.审核签字

9.电算化系统维护员的具体职责不包括（ ）。

A.定期检查电算化系统的软件、硬件运行情况

B.负责电算化系统升级换版的调试工作

C.进行电算化软件功能的改进

D.进行会计数据的实际操作

10.下列关于会计核算软件和手工会计核算的表述中，不正确的是（ ）。

A.目标都是提高企业的经济效益

B.遵守的基本会计理论和会计方法不同

C.需要遵守相同的相关会计法规

D.会计核算软件数据处理流程本质上是模仿手工会计核算

11.所谓“信息孤岛”，指的是（　　）。

A.企业的数据与信息不能有效融合

B.企业的会计数据与会计信息不能有效融合

C.企业的会计信息与其他业务信息不能有效融合

D.企业的会计信息与会计程序不能有效融合

12.数据录入员、系统管理员、程序设计员不能兼任的岗位数量是（　　）。

A.四种　　B.两种或两种以上

C.两种以上　　D.三种

13.与手工会计信息系统相比，计算机会计信息系统在信息利用上更加关注的需求对象是（　　）。

A.基层用户　　B.使用者　　C.管理者　　D.决策者

14.下列有关电算化会计业务处理与手工会计业务处理的方法和流程比较，说法正确的是（　　）。

A.电算化会计保存信息数量大　　B.完全不相同

C.不完全相同　　D.都不对

三、多项选择题

1.会计电算化的基本内容包括（　　）。

A.会计电算化软件的开发和应用

B.会计电算化人才的培训

C.会计电算化软件市场的培育与发展

D.会计电算化制度的建设

2.在开展会计电算化工作的过程中，应着重做好的工作包括（　　）。

A.会计电算化管理和制度的建立　　B.电算化会计信息系统的建立

C.会计人员培训　　D.计算机审计

3.手工会计与电算化会计的差异主要有（　　）。

A.运算工具不同　　B.账务处理流程不同

C.记账规则不同　　D.会计人员岗位分工不同

4.广义的会计电算化是指与实现电算化有关的所有工作，除了会计电算化制度的建设外，还包括（　　）。

A.会计软件的开发应用　　B.会计软件市场的培育

C.会计电算化人才的培训　　D.会计电算化的宏观规划和管理

5.下列各项中，属于会计信息化核算和手工会计核算不同点的有（　　）。

A.会计核算目标不同　　B.会计核算工具不同

C.会计信息载体不同　　D.内部控制方法不同

6.会计信息化实现了会计信息的（　　）等功能。

A.实时采集　　B.实时存储　　C.实时传递　　D.实时备份

7.对于会计电算化的特征表述正确的有（　　）。

A.在会计电算化方式下，计算机将根据程序和指令在极短的时间内自动完成会计数据的分类、汇总、计算、传递及报告等工作

B.会计电算化方式大大减轻了会计人员的工作负担，提高了工作效率

C.利用计算机会计数据，可以在较短的时间内完成会计数据的分类、汇总、计算等工作，使会计处理流程更为简便、核算结果更为精确

D.在会计电算化方式下，内部控制变为计算机控制，内容更加丰富，范围更加广泛，要求更加严格，实施更加有效

8.下列各项中，不属于会计电算化基本会计岗位的有（　　）。

A.会计主管　　B.出纳　　C.审核记账　　D.稽核

9.实行会计电算化后的档案包括（　　）。

A.企业财务通则　　B.会计凭证

C.会计电算化软件开发的需求分析书　　D.会计软件系统

10.在会计电算化方式下，内部控制的特点有（　　）。

A.内容更加丰富　　B.范围更加广泛　　C.要求更加严格　　D.实施更加有效

11.关于会计信息化，下列说法正确的有（　　）。

A.会计信息化是指企业利用计算机、网络通信等现代信息技术手段开展会计核算的过程

B.现代信息技术手段能够实时便捷地获取、加工、传递、存储和应用会计信息

C.会计信息化能够为企业经营管理、控制决策和经济运行提供充足、实时、全方位的信息

D.相对于会计电算化，会计信息化是一次质的飞跃

12.下列关于会计信息系统的表述正确的有（　　）。

A.会计信息系统是一个组织处理会计业务的系统

B.会计信息系统是一个内部系统，因此只能为企业的管理者提供财务信息

C.会计信息系统是一个封闭系统，与其他系统没有信息联系，保证了会计数据的安全

D.会计信息系统提供的财务信息为企业的经营和决策活动服务

13.下列表述正确的有（　　）。

A.会计电算化是指以电子计算机为主体的电子信息技术在会计工作中的应用

B.会计软件包括一组指挥计算机进行会计核算与管理工作的程序、存储数据及有关资料

C.会计信息化是指企业利用计算机、网络通信等现代信息技术手段开展会计核算，以及利用上述技术手段将会计核算与其他经营管理活动有机结合的过程

D.会计信息系统是指利用信息技术，将内部资源和外部资源进行有机结合，实现四流合一的系统

任务二 会计信息化工作规范

一、判断题（正确的打“√”，错误的打“×”）

1. 对企业而言，《企业会计信息化工作规范》代替了20世纪90年代会计信息化方面的四个规范文件。（ ）

2. 任何单位和个人发现会计软件不符合《企业会计信息化工作规范》，都有权向所在地人民政府财政部门反映，财政部门应当根据反映开展调查。（ ）

3. 会计软件的界面应当使用中文并且提供对中文处理的支持，可以同时提供外国或者少数民族文字界面对照和处理支持。（ ）

4.XBRL是财务机构编制、公布各种格式的财务报表，可靠地抽取和自动交换公开发行公司的财务报表及其他信息的一种标准化方法。（ ）

5. 在会计软件中，键盘一般用来完成会计软件中的各种用户指令，以及选择会计软件各功能模块的功能菜单。（ ）

6. 用户操作日志就是系统日志。（ ）

7.XBRL的主要作用在于将财务和商业数据电子化。（ ）

8.XBRL技术架构由XBRL规范、XBRL分类标准及XBRL实例文档三部分组成。（ ）

9. 企业内部生成的会计凭证、账簿和辅助性会计资料，或者企业获得的需要外部单位或个人证明的原始凭证和其他会计资料，可以不输出纸面资料。（ ）

10.XBRL不能实现在不同语言间对财务报告进行转换。（ ）

11. XBRL报表文档可以与Excel进行数据交换，可以直接用IE浏览器打开。（ ）

12. 根据《企业会计信息化工作规范》，对于会计软件和服务，软件供应商和相关咨询服务机构的责任义务同等。（ ）

13.XBRL是一种基于可扩展标记语言的开放性业务报告技术标准。（ ）

14. 会计信息化档案包括机内会计数据、软盘等备份的会计数据，以及输出打印的会计凭证、账簿、报表等数据。（ ）

15. 实施《企业会计准则通用分类标准》的企业，应当按照有关要求向财政部报送XBRL财务报告。（ ）

16. 企业会计资料中对经济业务事项的描述可以使用中文，也可以使用外国或者少数民族文字。（ ）

17. 会计软件应当具有对机内会计数据进行查询的功能。数据查询功能应满足国家统一的会计制度规定的内容和格式要求。（ ）

18. 软件供应商必须在会计软件中集成可扩展商业报告（XBRL）语言功能，生产符合国家统一标准的XBRL报告。（ ）

二、单项选择题

1.会计核算软件应当按照国家统一的会计制度的规定划分（　　）、分期结算账目和编制会计报表。

A.会计期间　B.会计科目　C.会计报表　D.会计账簿

2.企业使用会计软件不符合《企业会计信息化工作规范》要求的，由（　　）责令限期改正。

A.国家　B.税务部门　C.主管单位　D.财政部门

3.下列各项表述正确的是（　　）。

A.以电子数据形式存储在计算机内的会计资料不属于会计档案

B.以电子数据形式存储在磁盘等介质上的会计资料属于会计档案

C.会计信息化档案资料内容少于传统手工会计核算

D.会计信息化系统开发过程中的资料不能视同会计档案保管

4.用户操作日志中可以不记录的内容是（　　）。

A.操作人员　B.操作时间　C.操作地点　D.操作内容

5.下列关于会计核算软件记账功能的说法中，错误的是（　　）。

A.根据审核通过的机内记账凭证或者计算机自动生成的记账凭证登记总分类账

B.根据审核通过的机内记账凭证和相应机内原始凭证登记明细分类账

C.总分类账也可以根据审核通过的机内明细分类账登记

D.总分类账和明细分类账可以同时登记或者分别登记

6.2009年4月，财政部在（　　）中将XBRL纳入会计信息化的标准。

A.《会计电算化工作规范》

B.《企业会计信息化工作规范》

C.《关于全面推进我国会计信息化工作的指导意见》

D.《会计法》

7.在有关会计软件和服务的规范中，关于供应商的规定不正确的是（　　）。

A.软件供应商应当努力提高会计软件相关服务质量，按照合同约定及时解决用户在使用过程中遇到的故障问题

B.鼓励软件供应商采用呼叫中心、在线客服等方式提供实时技术支持

C.软件供应商应当努力提高会计软件相关服务质量，及时解决用户使用过程中的计算机故障问题

D.软件供应商应当就如何通过会计软件开展会计监督工作，提供专门教程和相关资料

8.对操作日志的要求不包括（　　）。

A.及时性　B.完整性　C.完全性　D.可查询性

9.XBRL通过定义统一的（　　），规定了企业报告信息的表达方法。

A.数据格式标准　B.界面　C.准则　D.工具

10.关于负责会计信息化工作的主体，下列各项说法不正确的是（　　）。

A.对于小微企业，不可以把会计信息化工作交由代理记账机构

B.对于小微企业，可以指定会计部门或会计人员负责

C.对于大中型企业，可以在会计部门、信息技术部门设立专门机构或岗位

D.对于大中型企业，可以设置独立于会计部门和信息技术部门的专门部门

11.下列各项不属于XBRL应用优势的是（　　）。

A.帮助数据使用者更快捷方便地调用、读取和分析数据

B.适应变化的会计准则制度要求

C.使财务数据具有更广泛的可比性

D.内部控制多样化

12.关于会计软件供应商的服务，下列各项说法不正确的是（　　）。

A.如果会计软件升级是对影响客户按照会计准则制度核算的问题的修正，则不应收取费用

B.会计软件供应商应当提供实时技术支持

C.如果会计软件升级是对软件功能的进一步完善，能够提高使用的便利性，会计软件供应商应按照合同约定收取费用

D.会计软件供应商应当就如何利用会计软件开展会计监督工作，提供专门教程和相关资料

三、多项选择题

1.制定《企业会计信息化工作规范》的目的包括（　　）。

A.推动企业会计信息化　　B.节约社会资源

C.提高会计软件和相关服务的质量　　D.规范信息化环境下的会计工作

2.财政部主管全国企业会计信息化工作，其主要职责包括（　　）。

A.拟定企业会计信息化发展政策

B.起草、制定企业会计信息化技术标准

C.指导和监督企业开展会计信息化工作

D.规范会计软件功能

3.根据《企业会计信息化工作规范》，会计软件可能具有（　　）功能。

A.为会计核算直接采集数据

B.生成会计凭证、账簿、报表等会计资料

C.对会计资料进行转换、输出、分析和利用

D.为财务管理直接采集数据

4.关于会计软件和服务的规范，下列各项说法正确的有（　　）。

A.会计软件应当具有符合国家统一标准的数据接口，满足外部会计监督需要

B.会计软件应当记录生成用户操作日志，确保日志的安全、完整

C.以远程访问、云计算等方式提供会计软件的供应商，应当在技术上保证客户会计资料的安全、完整

D.会计软件的界面可以使用中文，也可以使用外国或者少数民族文字

5.企业内部生成的会计凭证、账簿和辅助性会计资料，如果同时满足（　　）等条

件，可以不输出纸面资料。

A.所记载的事项属于本企业重复发生的日常业务

B.由企业信息系统自动生成且可查询和输出

C.企业对相关数据建立了电子备份制度

D.企业对相关数据建立了完善的索引体系

6.下列关于XBRL作用的表述中，正确的有（　　）。

A.从根本上实现数据的集成

B.从根本上实现数据的最大化利用

C.有利于实现会计信息数出一门

D.有利于实现会计信息资料共享

7.会计核算软件的开发销售单位必须为使用单位提供的服务包括（　　）。

A.软件操作人员培训　　B.计算机硬件维护

C.会计软件维护　　D.软件升级更新

8.县级以上地方人民政府财政部门管理本地区企业的会计信息化工作，其主要职责包括（　　）。

A.指导本地区企业发展会计信息化工作

B.起草、制定企业会计信息化技术标准

C.监督本地区企业开展会计信息化工作

D.规范会计软件功能

9.《企业会计信息化工作规范》的规范对象包括（　　）。

A.企业　　B.行政事业单位

C.会计软件供应商　　D.财政部门

10.XBRL的作用在于（　　）。

A.解决财务报告的重复编报、重复录入等问题

B.实现对财务报告的自动分析和跨系统的信息交换

C.有效降低会计信息的生产和使用成本

D.深度挖掘会计信息的价值

11.关于企业会计信息化工作规范的衔接过渡，下列各项说法正确的有（　　）。

A.2014年1月6日前购买或自行开发上线的会计软件，可有3年过渡期

B.2014年1月6日之后购买或开发上线的软件，没有过渡期

C.工作规范延续《会计核算软件基本功能规范》的内容，无过渡期

D.工作规范延续《会计核算软件基本功能规范》的内容，也有过渡期

12.关于XBRL，下列各项说法不正确的有（　　）。

A.是一种基于互联网、跨平台操作的程序设计语言

B.是扩展商业报告语言的简称

C.是进入20世纪以后在全球范围内得到迅速应用的计算机语言

D.2006年，我国正式成立了XBRL组织

13.下列各项说法正确的有（　　）。

A.2004年9月，国家标准化管理委员会发布了《信息技术——会计核算软件数据接口》国家标准

B.2006年，财政部启动了XBRL项目的前期研究，中国XBRL的进程日益加快并逐渐与国际接轨

C.2007年11月，财政部等九部委成立会计信息化委员会和XBRL中国地区组织

D.2009年4月，财政部发布了《关于全面推进我国会计信息化工作的指导意见》

14.下列各项关于《企业会计信息化工作规范》的说法中正确的有（　　）。

A.会计软件应当记录生成用户操作日志，确保日志的安全、完整

B.软件供应商应当努力提高会计软件相关服务质量，按照合同约定及时解决软件使用中的故障问题

C.会计软件应当提供不可逆的记账功能，确保对同类已记账凭证的连续编号，不得提供对已记账凭证的删除和插入功能，不得提供对已记账凭证日期、金额、科目和操作人的修改功能

D.会计软件应当具有会计资料归档功能，提供导出会计档案的接口，在会计档案存储格式、元数据采集、真实性与完整性保障方面，符合国家有关电子文件归档与电子档案管理的要求

15.企业应用可扩展商业报告语言（XBRL）的优势主要有（　　）。

A.能够降低数据采集成本　　B.提供更具可信度和相关性的信息

C.使财务数据具有可信度　　D.适应变化的会计准则要求

16.大型企业、企业集团开展会计信息化工作，应当（　　），实现各系统的有机整合，消除“信息孤岛”。

A.注重整体规划　B.统一技术标准　C.统一编码规则　D.统一系统参数

17.下列符合会计软件基本要求的有（　　）。

A.会计软件的设计应当符合我国法律、法规、规章的规定

B.会计软件可以供企业自主设置会计期间

C.会计软件开发销售单位必须为使用单位提供会计软件操作人员培训、会计软件维护、版本更新等方面的服务

D.会计软件必须提供人员岗位及操作权限设置的功能

18.属于信息化条件下会计资料管理规定的有（　　）。

A.外商投资企业使用的境外投资者指定的会计软件或者跨国企业集团统一部署的会计软件，应当符合会计软件和服务的规范要求

B.企业会计资料中对经济业务事项的描述应当使用中文，可以同时使用外国或者少数民族文字对照

C.会计软件的界面应当使用中文并且提供对中文处理的支持，可以同时提供外国或者少数民族文字界面对照和处理支持

D.企业不得在非涉密信息系统中存储、处理和传输涉及国家秘密、关系国家经济信息安全的电子会计资料；未经有关主管部门批准，不得将其携带、寄运或者传输至境外

任务三　会计信息化实施

一、判断题（正确的打“√”，错误的打“×”）

1.通用会计核算软件开发水平高，购置成本相对较低。（　）

2.企业进行会计信息系统前端系统的建设和改造，应当安排负责会计信息化工作的专门机构或者岗位参与，充分考虑会计信息系统的数据需求。（　）

3.操作系统是软件系统的核心。（　）

4.单位在正式使用计算机代替手工记账前，应经过财政部门的验收审批。（　）

5.系统软件是指用于对计算机资源的管理、监控和维护，以及对各类应用软件进行解释和运行的软件，主要包括操作系统、语言处理程序、支持服务程序和数据库管理系统。（　）

6.单位领导对会计信息化的重视和支持，是会计信息化成功的关键。（　）

7.会计核算软件属于系统软件。（　）

8.某些特殊行业和企业可以在通用会计核算软件的基础上开发专用模块，以适应特殊行业和企业的需要。（　）

9.自行开发的系统实用性差，常常不适用于企业的业务处理流程。（　）

10.应用软件是为了解决各类应用问题而设计的各种计算机软件，文字处理和电子表格软件都属于应用软件。（　）

11.系统软件是为了管理和维护计算机资源而编制的程序和有关文档的总和，其中数据库管理系统最为重要，它是所有软件的核心。（　）

12.计算机软件根据功能可以分为系统软件和应用软件两大类。（　）

13.企业通过与外部单位联合开发、购买等方式配备的会计软件，应当在有关合同中约定操作培训、软件升级、故障解决等服务事项及软件供应商对企业信息安全的责任。（　）

14.会计软件的通用性是指适应一个单位会计工作不同时期变化的需求。（　）

15.企业配备会计软件的方式主要有购买、定制开发、购买与开发相结合等方式。（　）

16.计算机替代手工记账要求运行3个月以上，对于自行开发或联合开发的软件一般运行一个完整的会计期间（一年）并取得与手工记账一致的结果。（　）

17.只要有先进的计算机软、硬件系统就能实现会计信息化。（　）

18.会计信息化档案的内容就是存储在计算机中的会计数据。（　）

二、单项选择题

1.企业建立会计信息化系统，首先要做的工作是（　）。

A.培训人员　　B.制定规划　　C.购买硬件　　D.购买软件

2.会计信息系统的核心组成部分是（　　）。

A.人员　　B.运行规程　　C.会计软件　　D.计算机硬件

3.定点开发的专用会计核算软件是为特定用户研制的，强调的是（　　）。

A.特殊性和通用性　　B.普遍性和专用性

C.特殊性和专用性　　D.普遍性和通用性

4.商品化会计核算软件开发经销单位在售出软件后应承担售后服务工作，在下列工作中，（　　）不是软件开发销售商必须提供的。

A.对用户进行软件使用前的培训　　B.对用户的软件进行维护

C.对用户的硬件进行维护　　D.对用户的软件版本进行更新

5.通用会计软件的最大缺陷是（　　）。

A.软件开发水平较高　　B.通用性强

C.成本相对较低　　D.专业性差

6.通用会计核算软件比专业会计核算软件（　　）。

A.通用性强，开发水平高　　B.维护量小，购置成本高

C.成本高，开发水平高　　D.通用性差，维护量大

7.在信息化会计中，岗位分工应该（　　）。

A.按会计事务设置　　B.按会计数据所处形态设置

C.采用原有手工方式不变　　D.随意设置

8.下列软件不属于数据库管理系统的是（　　）。

A.Access　　B.FoxPro　　C.SQL Server　　D.FTP

9.商品化会计软件与定点开发会计软件的最大区别在于（　　）。

A.是否准确　　B.是否通用　　C.是否迅速　　D.是否安全

10.会计软件属于（　　）。

A.系统软件　　B.支撑软件　　C.操作系统　　D.应用软件

11.（　　）是为配合应用软件有效运行而使用的工具软件，它是软件系统的一个重要组成部分。

A.操作系统　　B.数据库管理系统

C.支撑软件　　D.语言处理程序

12.中小型企业建立会计信息系统采取的方式是（　　）。

A.与开发者合作共同开发　　B.自行开发

C.选择国内通用会计软件　　D.由开发者设计

三、多项选择题

1.下列各项属于会计软件配备方式的是（　　）。

A.购买通用会计软件　　B.自行开发

C.委托外部单位开发　　D.企业与外部单位联合开发

2.（　　）的正确选择与配置，是开展会计信息化工作的一个重要前提。

A.会计档案　　B.计算机硬件设备

C.计算机软件 D.会计人员

3.采用计算机替代手工记账的单位必须具备的基本条件有（ ）。

A.配有适用的会计软件，并且计算机与手工进行会计核算双轨运行3个月以上

B.配有专用的或主要用于会计核算工作的计算机或计算机终端

C.配有与会计信息化工作需要相适应的专职人员

D.已建立健全的内部管理制度

4.自行开发会计软件的优点有（ ）。

A.有针对性和适用性

B.成本低

C.企业能够及时、高效地进行纠错和调整，保证系统使用的流畅性

D.开发周期短

5.信息化会计系统的档案管理在整个会计信息化工作中具有重要的作用，这表现在（ ）。

A.良好的档案管理是会计信息化工作连续进行的保证

B.良好的档案管理是维护会计信息化系统的保证

C.良好的档案管理是保证系统内数据信息安全、完整的关键环节

D.良好的档案管理是会计信息得以充分利用、更好地为管理服务的保证

6.自行开发会计软件的缺点有（ ）。

A.开发要求高、周期长、成本高 B.需要大量的计算机专业人才

C.需要较长的试运行时间 D.专业性高

7.会计软件使用中手工与计算机双轨试运行的注意事项包括（ ）。

A.时间的长短 B.数据的正确与安全

C.结果的准确性 D.软件供应商的服务质量

8.委托外部单位开发会计信息化软件的缺点有（ ）。

A.委托开发费用较高 B.开发周期长

C.开发系统的实用性差 D.外部单位的服务与维护承诺不易做好

9.下面有关采用委托外部单位开发方式配备会计软件的说法正确的有（ ）。

A.会计核算软件的针对性较强，降低了用户的使用难度

B.开发要求高、周期长、成本高

C.开发人员需要花费大量的时间了解业务流程和客户需求，延长了开发时间

D.外部单位的服务与维护承诺不易做好

10.信息化主管的职责包括（ ）。

A.检查计算机输出账表、凭证的数据准确性和及时性

B.完善企业现有管理制度，充分发挥信息化的优势，提出单位会计工作的改进意见

C.每天操作结束后，应及时做好数据备份并妥善保管

D.定期检查信息化系统软件、硬件的运行情况

11.下列有关系统软件的说法中，正确的有（ ）。

A.用于控制计算机运行，管理计算机的各种资源
B.是为解决各类应用问题而设计的各种计算机软件
C.为应用软件提供支持和服务
D.包括编译程序、数据库管理系统、支持服务程序和支撑软件等
12.下列有关应用软件的说法中，正确的有（　　）。
A.用于管理和维护计算机资源
B.是为解决各类应用问题而设计的各种计算机软件
C.是计算机系统必备的软件
D.Word和Excel都属于应用软件
13.计算机代替手工记账的过程中可能存在的问题有（　　）。
A.会计软件选用不当
B.账套启用时间没有选择在年初
C.并行时间过长
D.没有建立严格的内部管理制度

任务四　会计软件功能结构

一、判断题（正确的打“√”，错误的打“×”）

1.会计软件是由各功能模块共同组成的有机整体，为实现相应功能，相关模块之间相互依赖、互通数据。（　　）

2.不同规模、不同行业的企业所使用的会计核算软件都划分为总账、应收账款管理、应付账款管理、薪资管理、固定资产管理、存货核算、销售管理、成本核算、报表管理、财务分析功能模块。（　　）

3.总账系统是整个会计软件的核心模块。（　　）

4.存货核算模块将应计入外购入库成本的运费、装卸费等采购费用和应计入委托加工入库成本的加工费传递到应付账款管理模块。（　　）

5.总账系统不仅可以直接处理来自记账凭证的信息，而且可以接收来自各核算子系统的自动转账凭证。（　　）

6.应收/应付账款核算模块是一个反映商品赊销、促进资金回笼、提供现金需求分析的会计核算子系统。（　　）

7.固定资产管理模块还要为成本管理模块提供有关固定资产折旧计提的相关数据。（　　）

8.薪资管理系统主要与总账系统和成本管理模块存在数据传递关系。（　　）

9.月末，工资核算模块需要将工资计提分摊的结果生成转账凭证，传递到总账系统进行账务处理。（　　）

10.报表处理是会计软件必不可少的内容，也是会计数据处理的主要目的。（　　）

11.在功能层次上，ERP不仅包括最核心的财务管理、分销管理和生产管理，还包括人力资源管理、质量管理、决策支持管理等企业的其他管理功能。（　　）

12.会计软件中各功能模块之间的数据流主要是各类转账凭证。（　）

13.功能模块之间的数据如何进行联系，直接关系到整个企业的财务报告的完整性和可靠性。（　）

14.整个企业通过会计核算软件的总账系统可以获得全面、完整的会计信息，各核心岗位通过总账系统可以获得主要的核算数据。（　）

15.ERP是在MRPII的基础上发展起来的一个管理信息系统。（　）

16.ERP的核心思想是供应链管理，它强调对整个供应链的有效管理，以提高企业配置和使用资源的效率。（　）

二、单项选择题

1.专门用于会计核算工作的会计软件称为（　）。

A.会计核算软件　B.会计管理软件　C.会计预测软件　D.会计决策软件

2.专用会计核算软件一般是（　）。

A.单位购买的商品软件

B.单位自行开发或委托其他单位开发的会计核算软件

C.适宜多数单位使用的会计核算软件

D.适宜多数行业使用的会计核算软件

3.会计核算软件各功能模块是通过（　）以记账凭证为接口连接起来的。

A.报表生成与汇总模块　B.工资核算模块

C.账务处理模块　D.成本核算模块

4.会计软件中，最主要的功能模块是（　）。

A.成本管理模块　B.财务分析模块　C.账务处理模块　D.薪资管理模块

5.以供应链产生的入库单、出库单、采购发票等核算单据为依据，进行成本计算和费用分配的是（　）。

A.总账系统　B.存货核算模块　C.采购销售模块　D.成本管理模块

6.账务处理模块将（　）作为数据处理的起点，通过凭证输入和处理，完成记账、银行对账、结账、账簿查询及打印输出等工作。

A.原始凭证　B.凭证　C.记账　D.审核凭证

7.总账系统与薪资管理系统之间的数据通过（　）自动完成。

A.自动转账凭证　B.报表传递　C.自动转账功能　D.软盘传送

8.ERP软件中用于处理会计核算数据部分的模块，也属于（　）的范畴。

A.会计核算软件　B.会计管理软件　C.会计决策软件　D.集团会计软件

9.ERP系统的管理范围从单独的库存管理发展到生产与库存管理，再到制造企业的（　）全面管理。

A.人力资源　B.财务资源　C.信息资源　D.产、供、销、财

10.固定资产管理模块为（　）提供固定资产折旧费数据。

A.成本管理模块　B.工资核算模块　C.总账系统　D.人力资源模块

11.成本管理模块不接收（　）模块的数据。

A.总账　　B.会计报表　　C.存货管理　　D.薪资管理

12.ERP的形成大致经历了库存控制、MRP、闭环MRP、（　　）和ERP阶段。

A.制造资源计划　　B.物料需求计划

C.闭环物料需求计划　　D.企业资源计划

13.ERP是指（　　）。

A.专家系统　　B.管理信息系统　　C.企业资源计划　　D.制造资源计划

14.下列关于ERP系统与会计信息系统关系的表述中，正确的是（　　）。

A.ERP系统和会计信息系统互不相关

B.会计信息系统包括ERP系统

C.ERP系统包括会计信息系统

D.ERP系统和会计信息系统分属不同的管理信息系统

15.ERP强调对整个（　　）进行有效管理，以提高企业配置和使用资源的效率。

A.供应链　　B.人力资源　　C.资金　　D.信息

16.下列模块中，可以生成各种分析和评价企业财务状况、经营成果和现金流量信息的是（　　）。

A.存货管理模块　　B.总账系统　　C.财务分析模块　　D.薪资管理模块

三、多项选择题

1.典型的会计核算软件具有（　　）等功能。

A.账务处理　　B.报表处理　　C.工资核算　　D.成本核算

2.下列关于ERP系统的表述中，正确的有（　　）。

A.ERP尚未成为现代企业的运行模式

B.ERP是为企业决策层及员工提供决策运行手段的管理平台

C.ERP是企业资源计划的简称

D.ERP系统是信息技术和先进管理思想的结合

3.信息化会计核算信息子系统中不包括（　　）。

A.财务管理系统　　B.应收/应付账款管理模块

C.报表管理模块　　D.会计决策支持模块

4.可以从成本管理模块获得有关成本数据的有（　　）。

A.财务处理模块　　B.工资核算模块　　C.存货核算模块　　D.项目核算模块

5.下列关于会计核算软件控制功能的表述中，正确的有（　　）。

A.借贷双方金额不平衡或没有输入金额时，予以提示并拒绝保存

B.有借方会计科目而无贷方会计科目或者有贷方会计科目而无借方会计科目时，予以提示并拒绝保存

C.正在输入的记账凭证编号与已输入的记账凭证编号重复时，予以提示并拒绝保存

D.以编号方式输入会计科目的，自动显示该代码对应的会计科目名称

6.会计信息系统按照功能和管理层次的不同，可分为（　　）。

A.会计核算系统　　B.会计管理系统
C.会计决策支持系统　　D.会计分析信息化

7.会计软件是指专门用于会计核算、财务管理的计算机软件、软件系统或者其功能模块，具有（　　）的功能。

A.为会计核算、财务管理直接提供数据输入
B.生成凭证、账簿、报表等会计资料
C.对会计资料进行转换、输出、分析、利用
D.为企业控制决策提供充足、实时、全方位的信息

8.下列关于各模块之间的数据关系的说法正确的有（　　）。

A.存货核算模块可以将存货入库的记账凭证传递至总账系统
B.薪资管理模块为成本管理模块提供人工费资料
C.项目管理模块中发生和项目业务相关的收款业务时，可以在应收发票、收款单或者退款单上输入相应的信息，并生成相应的业务凭证传递至总账系统
D.采购发票经过应收账款管理模块审核，进行采购结算，生成记账凭证传递至总账系统

9.薪资管理模块与（　　）存在数据传递关系。

A.固定资产模块　　B.总账系统　　C.应收/应付模块　　D.成本管理模块

10.固定资产管理模块中资产的（　　），都要将有关数据通过记账凭证的形式传递至总账系统。

A.增减变动　　B.折旧计提　　C.原值调整　　D.累计折旧调整

11.应收/应付账款管理模块可以处理（　　）等单据。

A.发票　　B.收付款单据
C.费用单据　　D.其他应收/应付单据

12.薪资管理模块的主要功能有（　　）。

A.工资分摊　　B.工资发放　　C.工资计算汇总　　D.个税计算

13.下列各项属于ERP系统管理思想的有（　　）。

A.精益生产　　B.事先计划
C.对整个供应链的资源进行管理　　D.敏捷制造

任务五　会计软件基本应用流程

一、判断题（正确的打“√”，错误的打“×”）

1.系统级初始化是设置会计软件所公用的数据、参数和系统公用基础信息，其初始化的内容涉及多个模块的运行，不特定专属于某个模块。（　　）

2.会计核算软件在使用过程中，一个月只允许备份一次。（　　）

3.与B/S结构相比，C/S结构的最大优点是部署和维护方便，易于扩展。（　　）

4. 在C/S结构下，客户机配备了大容量存储器并安装了数据库管理系统。 ( )

5. 数据备份与还原可以降低会计数据损坏、丢失的风险。 ( )

6. 会计核算软件的数据处理流程本质上是模仿手工会计核算流程，因此两者的会计数据处理流程基本相同。 ( )

7. 系统初始化是系统首次使用时，根据企业的实际情况进行参数设置，并录入基础档案与初始数据的过程。 ( )

8. 系统初始化的所有设置都在系统初次运行时一次性完成，不得修改。 ( )

9. 日常处理是指在每个会计期间内，企业日常运营过程中重复、频繁发生的业务处理过程。 ( )

10. 期末处理是指在每个会计期间的期末所要完成的特定业务。 ( )

二、单项选择题

1. 下列各项中，不属于会计核算软件应当具备的初始化功能的是（ ）。

A. 用户设置

B. 输入各级会计科目期末余额

C. 输入需要在本期进行对账的未达账项

D. 定义自动转账功能

2. 数据备份功能是将计算机内的（ ）复制到磁盘上予以保存。

A. 程序　　B. 凭证、科目和账簿等

C. 系统　　D. 命令

3. 为防止会计数据损坏、丢失，保障数据安全，必须进行（ ）。

A. 初始数据录入　　B. 账套备份　　C. 凭证审核　　D. 用户授权

4. 下列关于B/S结构的说法中，错误的是（ ）。

A. 客户采用浏览器运行软件的体系结构

B. 维护和升级方法较复杂

C. 应用服务器运行数据负荷较重

D. 服务器是实现会计软件功能的核心部分

5. 在使用会计软件时，下列各项说法不正确的是（ ）。

A. 用户不能随便让他人使用计算机

B. 在离开计算机时，必须立即退出软件，以防他人偷窥系统数据

C. 用户应该对账套使用权限进行严格管理，防止数据外泄

D. 用户的密码可以由他人进行更改

6. 一个需要实现远程实时处理和监控的跨地区企业，最好选择（ ）网络结构的软件。

A. F/S　　B. C/S

C. B/S　　D. 多层C/S与B/S相结合

7. 下列关于C/S结构的说法中，正确的是（ ）。

A. 服务器是实现会计软件功能的核心部分

B.服务器安装专用的会计软件，负责会计数据的输入、运算和输出

C.系统客户端软件安装维护的工作量大，数据库的使用一般仅限于局域网的范围内

D.维护和升级方式简单

8.系统初始化是指将通用会计软件转变成（　　）。

A.单用户会计核算软件　　B.系统软件

C.专用会计软件　　D.多用户会计核算软件

三、多项选择题

1.安全使用会计软件的基本要求有（　　）。

A.严格管理账套使用权限

B.严格管理软件版本升级

C.定期打印、备份重要的账簿和报表数据

D.防范计算机病毒和计算机黑客的攻击

2.系统初始化通常分为（　　）。

A.系统级初始化　B.总账初始化　C.模块级初始化　D.业务系统初始化

3.下列各项中，属于信息化会计核算基本流程的有（　　）。

A.凭证审查　　B.记账

C.编制记账凭证　　D.结账和编制报表

4.会计软件的应用流程一般包括（　　）。

A.系统初始化　B.日常处理　C.期末处理　D.系统维护

5.为了保障数据安全、减少损失，会计软件必须具有的功能包括（　　）。

A.防毒杀毒　B.防火墙　C.数据备份　D.数据还原

6.下列各项中，可以反映会计信息化系统进行数据备份和恢复的重要性的有（　　）。

A.备份磁盘存储不当造成数据丢失　　B.软件故障造成账务数据丢失

C.计算机病毒造成财务数据丢失　　D.人为误操作造成财务数据丢失

7.下列关于微机局域网络的说法中，正确的有（　　）。

A.微机局域网络分为C/S结构和B/S结构两种

B.C/S结构的优点是技术成熟、响应速度快、适合处理大量数据

C.C/S结构只需安装一个浏览器，用户通过浏览器向分布在网络上的服务器发出请求

D.B/S结构的优点在于维护和升级方式简单，运行成本低

8.系统级初始化的内容主要包括（　　）。

A.创建账套并设置相关信息　　B.增加操作员并设置权限

C.设置系统公用基础信息　　D.设置系统控制参数

9.会计软件必须具备的初始化功能有（　　）。

A.选择会计核算方法

B.输入需要在本期进行对账的未达账项

C.定义自动转账凭证

D.输入操作人员岗位分工情况

10.会计核算软件期末处理的特点包括（　　）。

A.有较为固定的处理流程　　B.业务可以由计算机自动完成

C.需要输入的数据量大　　D.在每个会计期末偶尔发生

11.安装会计软件的前期准备包括（　　）。

A.必须确保计算机的操作系统符合会计软件的运行要求

B.需要安装数据库管理系统

C.需要安装计算机缺少的支撑软件

D.应考虑会计软件与数据库系统的兼容性

12.下列各项中，属于日常会计处理的特点的有（　　）。

A.业务频繁发生，需要输入的数据量大

B.在每个会计期间内重复发生，所涉及金额不尽相同

C.业务频繁发生，需要输入的数据量小

D.在每个会计期间内重复发生，所涉及金额基本相同

13.数据备份的内容主要包括（　　）。

A.账套备份　　B.账套还原　　C.年度账备份　　D.年度账还原

14.对会计信息化档案管理要做到防磁、（　　）。

A.防震　　B.防火　　C.防潮　　D.防尘

15.系统初始化的内容包括（　　）。

A.期初数据的输入　　B.操作员权限的设置

C.存货档案的设置　　D.凭证的填制

16.执行结账工作时，下列关于系统检查相关工作的完成情况的说法，正确的有（　　）。

A.若有未记账凭证，则不能结账

B.若上月未结账，则本月不能结账

C.若对账不正确，则不能结账

D.若损益类科目还有余额，则不能结账

项目二
系统管理

任务一　登录系统管理

一、判断题（正确的打“√”，错误的打“×”）

1.对软件的各个子系统进行统一的操作管理和数据维护的模块是系统初始化模块。（　）

2.系统一般只允许系统管理员注册进入“系统管理”。（　）

3.“系统管理”为各个子系统提供了一个公共平台。（　）

4.用友软件默认的系统管理员是“admin”。（　）

5.系统管理员和账套主管可以在“系统管理”模块进行注册。（　）

6.系统管理员“admin”的初始口令为空。（　）

7.系统管理员可以建立年度账。（　）

8.系统管理是用友财务软件的运行基础，它为其他子系统提供了公共的账套、年度账及其他相关基础数据，各子系统的操作员也需要在系统管理中统一设置并分配权限。（　）

二、单项选择题

1.首次登录“系统管理”，应以（　）身份进入。

A.admin　B.财务总监　C.账套主管　D.总经理

2.下列各项中，不属于“系统管理”的功能是（　）。

A.账套管理　B.建立会计科目　C.年度账管理　D.操作员权限分配

3.（　）模块的主要功能是对软件的各个子系统进行统一的操作管理和数据维护。

A.总账　B.系统初始化　C.系统管理　D.UFO报表

4.以“账套主管”的身份登录“系统管理”时，不能进行的操作是（　）。

A.修改账套　B.年度账清空　C.建立账套　D.年度账引入

5.在“系统管理”中，不能对用户进行的操作是（　）。

A.设置用户名　B.修改用户名

C.删除已使用的用户　D.注销用户

6.（　）需要在“系统管理”模块中设置。

A.数据级权限　B.功能级权限　C.金额级权限　D.账套级权限

7.在“系统管理”的“视图”中不能完成（　）操作。

A.清除异常任务　B.清除单据锁定　C.上机日志　D.清空年度数据

8.系统管理员可以进行的操作是（　）。

A.建立账套　B.修改账套

C.建立会计科目　D.输入期初余额

三、多项选择题

1. 系统允许用户以（　　）身份注册进入“系统管理”。
   A.admin　B.财务主管　C.账套主管　D.财务总监
2. “系统管理”的功能主要包括（　　）。
   A.账套管理　B.报表管理　C.年度账管理　D.操作员管理
3. 系统运行安全管理的主要工作包括（　　）。
   A.系统运行监控　B.查看上机日志
   C.注销以前操作员　D.清除系统运行异常

任务二　操作员管理

一、判断题（正确的打“√”，错误的打“×”）

1. 操作员以其身份进入系统进行操作后，系统管理员没有权力修改其口令。（　　）
2. 所设置的操作员一旦被引用，仍可以被修改和删除。（　　）
3. 操作员无权将操作口令告知他人。（　　）
4. 对系统操作员进行管理时，标识操作员的编码必须输入且唯一。（　　）
5. 操作员可以修改自己的口令，也可以更改自己的操作权限。（　　）

二、单项选择题

1. 启用账套后，操作员通常不能再修改（　　）。
   A.科目名称　B.操作员口令　C.启用日期　D.结算方式
2. 以下选项不属于“操作员管理”内容的是（　　）。
   A.操作人员职务　B.操作密码　C.操作权限　D.操作人员姓名
3. 操作员的初始密码由（　　）指定。
   A.总经理　B.账套主管　C.系统管理员　D.操作员本人
4. 可以增加操作员权限的是（　　）。
   A.普通操作员　B.系统管理员“admin”
   C.账套主管　D.账套主管和系统管理员“admin”

三、多项选择题

1. 对于设置操作员密码，以下说法正确的有（　　）。
   A.不能修改　B.必须输入两次　C.可以输入数字　D.不能为空
2. 增加系统操作员时，需要确定的基本信息有（　　）。
   A.操作员编号　B.所属账套　C.操作员姓名　D.操作员密码

任务三 账套管理

一、判断题（正确的打“√”，错误的打“×”）

1. 建立账套时所设置的参数，以后均不可以修改。（ ）
2. 账套路径一般由系统默认，用户不能修改。（ ）
3. 创建账套时，如果选择“按行业性质预置科目”，则系统会自动建立企业所需要的所有会计科目。（ ）
4. 一个账套可设置多个账套主管。（ ）
5. 账套删除操作是在账套引入操作的同时进行的。（ ）
6. 单位名称是区分系统内不同账套的唯一标识。（ ）
7. 账套是用于存放核算单位会计数据的实体，一个账套代表一个会计期间。（ ）
8. 在会计核算软件中，每一个账套设置一名账套主管，账套主管可以新建和删除账套。（ ）
9. 在建立账套的过程中还要进行编码方案设置。（ ）
10. 系统管理员和账套主管均可以完成建立账套的操作。（ ）
11. 系统管理员可以建立和修改账套。（ ）
12. 系统管理员和账套主管均可以完成系统启用的操作。（ ）
13. 同一个软件内部不同账套之间具有数据传递关系。（ ）
14. 会计核算软件可以任意划分会计期间、分期结算账目，这是会计核算软件灵活性的表现。（ ）

二、单项选择题

1. 下列关于账套的表述中，不正确的是（ ）。
   A. 一个账套只能保存一个会计核算对象的业务资料
   B. 一个账套能够保存多个会计核算对象的业务资料
   C. 账套就是一套会计数据文件
   D. 一台计算机中可以有多个账套
2. 有权在系统中建立企业账套的是（ ）。
   A. 系统管理员 B. 总经理 C. 账套主管 D. 法人代表
3. 建立账套也就是在计算机环境下利用会计核算软件为企业建立一套属于自己的（ ）。
   A. 核算环境 B. 账户体系 C. 账簿文件 D. 报表模板
4. 在建立账套时，设置错误不允许修改的是（ ）。
   A. 账套名称 B. 单位名称 C. 账套号 D. 分类编码方案
5. 下列各项属于数据备份内容的是（ ）。
   A. 设置基础信息 B. 账套备份 C. 录入初始数据 D. 设置系统控制参数

6. 数据还原是指使用会计软件将备份的数据恢复到计算机硬盘上，它又称为（　　）。
A. 数据备份　B. 年度账数据还原　C. 数据恢复　D. 数据管理
7. 账套的建立日期（　　）。
A. 不能修改　B. 可以修改
C. 操作员可以修改　D. 系统管理员可以修改
8. 下列各项说法错误的是（　　）。
A. 各账套间的数据相互独立
B. 企业可以为下属独立核算单位各自建立一套账
C. 各账套间的数据可以相互利用
D. 企业只能建立一个账套
9. 如果在建立账套时将“客户是否分类”设置错误，应在（　　）功能中进行修改。
A. 建立账套　B. 修改账套　C. 删除账套　D. 恢复账套
10. 用友软件最多可建立（　　）套账。
A.1　B.999　C.1 000　D.998
11. 下列各项可以作为区分不同账套唯一标识的是（　　）。
A. 单位名称　B. 账套名称　C. 账套号　D. 账套主管
12. 建账的内容一般不包括（　　）。
A. 单位基本信息　B. 操作人员　C. 核算方法　D. 编码规则
13. 下列关于账套启用日期设定的要求，正确的是（　　）。
A. 在业务处理之后　B. 必须与业务处理相同
C. 没有要求　D. 在业务处理之前（或同时）
14. 下列关于会计期间的说法，正确的是（　　）。
A. 按农历的1月1日到12月31日　B. 按阳历的1月1日到12月31日
C. 国家统一规定　D. 有些单位可以根据实际情况自行设定
15. 一个账套可以代表（　　）的账簿体系。
A. 一个公司　B. 一个集团公司　C. 一个分公司　D. 以上都可以

三、多项选择题

1. 账套管理包括（　　）。
A. 账套修改　B. 账套引入　C. 账套输出　D. 账套建立
2. 账套初始化设置时，对账套进行说明的参数主要包括（　　）。
A. 账套号、账套名称　C. 会计科目编码方案
B. 单位性质、启用会计期　D. 会计主管、记账本位币
3. 下列各项说法正确的有（　　）。
A. 企业只能创建一个账套　B. 企业可以为二级核算单位建立账套
C. 各账套之间的数据相互独立　D. 各账套之间的数据可互相利用
4. 账套创建完成后，（　　）不能修改。
A. 账套名称　B. 账套号　C. 启用会计期　D. 账套主管

5.账套核算信息一般包括（　　）。

A.行业性质　　B.记账本位币　　C.编码规则　　D.数据精确度

6.下列各项中，属于数据备份的有（　　）。

A.磁盘备份　　B.存储器备份　　C.账套备份　　D.年度账备份

7.信息化系统中的备份功能是一项重要的功能，进行这一工作时需要注意的是（　　）。

A.应注明备份时间　　B.先恢复数据

C.删除数据前必须先备份　　D.备份软盘应有多份

8.建立账套时，其账套信息主要包括（　　）等。

A.企业名称　　B.企业性质　　C.会计科目体系　　D.启用会计期

9.下列关于会计期间设置的表述中，正确的有（　　）。

A.会计期间在核算过程中不能进行改动

B.一年可以有13个会计期间

C.会计期间以年为单位

D.设置会计期间必须在生成记账凭证之前完成

10.下列关于账套的表述中，正确的有（　　）。

A.账套就是一套会计数据文件

B.账套数据库一般建立在硬盘根目录上

C.为便于数据备份，可将账套数据库建立在U盘上

D.账套名称要便于记忆

11.下列关于删除账套的说法正确的有（　　）。

A.只有账套主管才能删除账套　　B.正在使用的账套不允许删除

C.删除账套前系统会进行强制备份　　D.系统不提供删除账套的功能

12.如果在建立账套时错误地设置了“分类编码方案”，则应在（　　）功能中修改。

A.账套/建立　　B.账套/修改

C.账套/输出　　D.基础设置/基础信息/编码方案

13.在账套备份功能中，可以实现（　　）操作。

A.账套备份　　B.账套引入　　C.账套删除　　D.账套修改

14.如果希望系统能按企业所属行业预置会计制度规定的标准科目，则需要在建账时正确输入或选择（　　）。

A.行业性质　　B.企业类型

C.企事业名称　　D.按行业性质预置科目

任务四　操作员权限管理

一、判断题（正确的打“√”，错误的打“×”）

1.操作员权限设置又称为财务分工，即设置允许操作使用本系统的操作人员姓名及

操作权限。（　　）

2.账套主管自动拥有所管辖账套所有模块的操作权限。（　　）

3.操作员和操作员权限可以随时删除。（　　）

4.增加操作员并设置权限属于系统级初始化的内容。（　　）

5.任何人员都无权删除上机日志。（　　）

6.操作员有修改自己口令的权限，也可以更改自己的操作权限。（　　）

二、单项选择题

1.账套主管可以对（　　）的操作员进行授权。

A.所有账套　B.所管辖账套　C.样本账套　D.999账套

2.对于一个账套来说，（　　）的级别最高且拥有所有模块的操作权限。

A.单位领导　B.操作人员　C.系统主管　D.账套主管

3.在会计软件中，用户的操作权限是通过（　　）实现的。

A.账套主管授权　B.硬件使用制度　C.软件使用制度　D.口令控制

4.为了防止非指定人员擅自使用软件，对指定操作人员应（　　）。

A.实行管理制度　B.进行使用权限控制

C.设置使用密码　D.设置使用口令

5.（　　）可以指定某账套的账套主管。

A.财务主管　B.软件操作员　C.系统管理员　D.企业负责人

6.账套主管在修改账套时，不能修改的账套参数是（　　）。

A.会计科目　B.启用会计日期　C.科目余额　D.操作人员

三、多项选择题

1.系统管理员的权限主要包括（　　）。

A.建立账套　B.修改账套　C.启用系统　D.账套备份

2.操作人员权限划分的基本原则包括（　　）。

A.不相容的职权必须分离

B.不相容的岗位必须分离

C.不同的处理层次一般不分离

D.需重点保证数据安全的工作应与其他工作分离

3.账套主管的权限包括（　　）。

A.账套引入　B.账套输出　C.年度账管理　D.账套修改

项目三

会计核算基础资料设置

任务一　总账管理参数设置

一、判断题（正确的打“√”，错误的打“×”）

1. 系统级初始化是指设置会计软件公用的数据、参数和系统公用基础信息。（　）

2. 系统级初始化是指设置特定模块运行过程中所需要的参数、数据和本模块的基础信息。（　）

3. 会计软件的初始化是每月必须进行的工作。（　）

4. 初始设置工作在系统投入使用时进行，以后一般不再重新设置或修改。（　）

5. 系统初始化对系统的后续运行没有影响，因此系统初始化工作简单完成即可。（　）

二、单项选择题

1. 用户通过（　）功能，建立适合本单位的会计核算规则、方法和基础数据，将一个通用账务处理软件转化为适合本单位具体情况的专用总账系统。

A. 凭证录入　B. 账簿打印　C. 银行对账　D. 初始设置

2. 通过系列参数设置将通用的会计软件转变为满足特定企业需要的系统指的是（　）。

A. 系统初始化　B. 日常处理　C. 期末处理　D. 账套备份

三、多项选择题

1. 账务处理系统中初始设置的主要内容包括（　）。

A. 账套设置　B. 会计科目设置

C. 各种初始数据的录入　D. 凭证类别设置

2. 总账参数设置的主要内容包括（　）。

A. 凭证编号方式

B. 是否允许操作人员修改他人凭证

C. 凭证是否必须输入结算方式和结算号

D. 出纳凭证是否必须经过出纳签字

任务二　公共基础档案设置

一、判断题（正确的打“√”，错误的打“×”）

1. 在设置供应商分类的前提下，必须先设置供应商分类才能建立供应商档案。（　）

2.企业基础档案信息设置应遵循一定的顺序。 （ ）

3.输入客户档案时，不用选择客户分类，可直接输入客户档案。 （ ）

4.设置职员档案可以方便地进行个人往来核算和管理等操作。 （ ）

5.在会计信息化系统中，某些会计档案的建立具有逻辑关系，如首先需要建立部门档案，然后才能建立职员档案。 （ ）

二、单项选择题

1.不属于企业基础档案设置的是（ ）。

A.客户档案 B.职员档案 C.部门档案 D.多栏账定义

2.（ ）主要用于设置本单位职员的信息资料。

A.客户档案 B.部门档案 C.客户分类 D.职员档案

3.设置基础信息属于会计软件应用流程的（ ）内容。

A.数据管理 B.日常处理 C.期末处理 D.模块级初始化

三、多项选择题

1.设置基础档案时，主要包括的项目有（ ）。

A.职员档案 B.客户档案 C.供应商档案 D.部门档案

2.基础档案设置中包括的分类信息有（ ）。

A.地区分类 B.职员分类 C.客户分类 D.存货分类

3.设置结算方式的主要目的有（ ）。

A.便于管理票据 B.便于银行对账

C.便于编号 D.便于票据结算

任务三 财务基础档案设置

一、判断题（正确的打“√”，错误的打“×”）

1.科目一经使用，就不允许修改或删除该科目。 （ ）

2.删除科目时，必须先删除上一级科目，再删除本级会计科目。 （ ）

3.企业可不进行凭证分类，即只设置“记账凭证”一种类别。 （ ）

4.会计科目的名称可以是汉字、英文字母、数字等符号，也可以为空。 （ ）

5.在会计信息化方式下，试算平衡、登记账簿等必须依靠人工完成。 （ ）

6.当会计科目存在数量核算时，账簿格式设置为“数量金额式”。 （ ）

7.用户可以直接引入系统提供的预置会计科目，但不能增加、修改、删除会计科目。 （ ）

8.一般情况下，资产类、成本类、费用类会计科目的余额在贷方，负债类、权益类、收入类科目的余额在借方。 （ ）

9.指定会计科目就是指定出纳专管的科目。指定科目后，才能执行出纳签字，才能查看库存现金日记账或银行存款日记账。 （ ）

10.用户设置的每一种外币，除了给出货币代码、名称、折算方式、小数位数之外，还应选定是固定汇率还是浮动汇率，并至少给出本期期初汇率。 （ ）

11.所有会计科目必须在初始化时一次设置完备，初始化后将不得修改。 （ ）

12.会计科目代码结构是指代码共有多少级及各级代码的长度。 （ ）

13.在总账系统中，属于银行对账的科目在设置时，应将其科目性质定义为“银行账”辅助账类。 （ ）

14.一般情况下，库存现金科目及其明细科目被指定为现金科目。 （ ）

15.科目性质可以随时修改。 （ ）

16.可以对不同的凭证类别设置限制条件，以校验所编的记账凭证。 （ ）

17.业务量较小的单位可以不进行凭证分类，即只设置“记账凭证”一种类别。 （ ）

二、单项选择题

1.下列不属于会计软件初始化功能的是（ ）。

A.创建账套并设置相关信息 B.增加操作员并设置权限

C.设置系统公用基础信息 D.录入凭证

2.某工业企业的会计科目编码规则是4-2-2-2，则代码为5003030202的会计科目属于（ ）。

A.损益类，三级 B.成本类，三级 C.成本类，四级 D.损益类，四级

3.使用总账系统输入科目编码时，下列说法错误的是（ ）。

A.编码不能重复

B.科目编码类型要符合规定，如首位字母必须为1、2、3、4、5、6之一

C.科目编码位数要符合编码规则

D.明细科目只输入本级编码

4.“转账凭证”类别设置的限制类型一般选择（ ）。

A.凭证必无 B.凭证必有 C.贷方必有 D.借方必有

5.会计科目编码的第一位标识了（ ）。

A.会计科目是资产类、负债类还是权益类

B.会计科目是损益类还是成本类

C.会计科目的级别

D.会计科目的类别

6.若会计科目编码方案为4-2-2，则下列编码正确的是（ ）。

A.10010101 B.1002001 C.1001001 D.1002021

7.下列有关企业基础信息的设置，顺序错误的是（ ）。

A.会计科目→凭证类别 B.部门档案→职员档案

C.客户分类→客户档案 D.会计科目→外币

8.“管理费用”科目通常设置的辅助核算是（　　）。

A.部门核算　　B.个人核算　　C.项目核算　　D.客户往来

9.“付款凭证”的限制类型通常为（　　）。

A.借方必有　　B.贷方必有　　C.凭证必有　　D.凭证必无

10.设置会计科目时，应首先从（　　）科目开始。

A.最末级　　B.一级　　C.二级　　D.三级

11.删除会计科目时，应首先从（　　）科目开始。

A.一级　　B.最末级　　C.二级　　D.三级

12.科目编码结构为4-2-2-2，下列说法中正确的是（　　）。

A.每个会计科目必须设置到四级　　B.一级科目编码不得超过4位

C.编码长为6位　　D.二级科目的位长必须是2位

13.（　　）不属于科目设置的内容。

A.数量核算　　B.外包核算　　C.期初余额　　D.科目性质

14.指定会计科目是指定（　　）专管科目。

A.系统管理员　　B.账套主管　　C.会计　　D.出纳

15.科目编码中的（　　）科目编码必须符合现行的会计制度。

A.一级　　B.明细　　C.二级　　D.各级

16.有关“4-2-2-2”的会计科目代码结构，正确的含义是（　　）。

A.会计科目代码共分四级，其中一级科目代码位长为2位

B.会计科目代码共分三级，其中一级科目代码位长为4位

C.会计科目代码共分二级，其中一级科目代码位长为2位

D.会计科目代码共分四级，其中一级科目代码位长为4位

17.辅助核算初始化的主要工作不包括（　　）。

A.对会计科目定义辅助核算属性　　B.设置会计科目代码

C.设置核算种类与具体核算项目　　D.输入核算项目的余额或未清的业务

18.会计科目名称不能由（　　）来表示。

A.汉字　　B.英文字母　　C.数字　　D.空格

三、多项选择题

1.修改和删除会计科目时，下列说法正确的有（　　）。

A.科目已在输入凭证时使用，只能增加同级科目，而不能再增设下级科目

B.先删除或修改下一级科目，再删除或修改本级科目

C.科目已经使用，允许修改或删除该科目

D.有发生额的科目不能删除，但可修改科目

2.系统初始化时需要选择凭证类别，下列记账凭证分类正确的有（　　）。

A.分为一类：记账凭证

B.分为三类：收款凭证、付款凭证和转账凭证

C.分为三类：现金凭证、银行凭证和转账凭证

D.分为五类：现金收款、现金付款、银行收款、银行付款和转账凭证

3.删除科目应该受到控制，如（　　）不能删除。

A.年内有发生额的科目　　B.余额不为零的科目

C.上级科目　　D.资产类科目

4.会计科目中能够同时设置辅助核算的有（　　）。

A.个人往来核算与部门核算　　B.客户往来核算与部门核算

C.供应商往来核算与部门核算　　D.项目核算与部门核算

5.关于记账凭证的类别，下列说法不正确的有（　　）。

A.只能采用记账凭证一种格式

B.只能采用现银转

C.可以采用收付转

D.最多采用现收、现付、银收、银付和转账五类

6.在总账系统中进行科目设置时，设置的会计科目代码（　　）。

A.应符合会计制度规定　　B.必须唯一

C.应符合级次、级长要求　　D.可以为任意位

7.会计科目的级次是4-2-2-2-2，下列各项科目编码正确的有（　　）。

A.12110101　　B.121101011　　C.12110145　　D.1211010101

8.只有在指定“现金科目”和“银行科目”后，才能进行（　　）。

A.填制凭证　　B.出纳签字

C.查看库存现金、银行存款日记账　　D.记账

9.外汇汇率的设置方式通常有（　　）。

A.买入汇率　　B.固定汇率　　C.浮动汇率　　D.卖出汇率

10.在会计软件中，系统通常提供的限制条件包括（　　）。

A.借方必有　　B.贷方必有　　C.凭证必有　　D.凭证必无

11.建立会计科目时，输入的基本内容包括（　　）。

A.科目编码　　B.科目名称　　C.科目类型　　D.账页格式

12.会计科目设置的原则包括（　　）。

A.满足会计报表编制的要求

B.保持科目与科目之间的协调性和体系的完整性

C.科目保持相对稳定

D.要考虑设置的科目与子系统的衔接

任务四　总账期初余额录入

一、判断题（正确的打“√”，错误的打“×”）

1.账务处理软件的年度期初数据录入后，软件必须提供平衡校验功能，保证借方年

初数与贷方年初数相等、本年累计借方发生数与本年累计贷方发生数相等、借方余额合计与贷方余额合计相等。（ ）

2. 会计科目初始数据录入是指第一次使用总账系统时，用户需要在开始日常核算工作前，将会计科目初始余额及发生额等相关数据输入系统中。（ ）

3. 期初余额录入完毕后，用户应该进行试算平衡，若试算结果不平衡，既不能输入记账凭证，也不能记账。（ ）

4. 系统根据本月月初数和本年度截止到上月份的借、贷累计发生数，不能自动计算出本会计年度各会计科目的年初余额。（ ）

5. 用户如在会计年度初建账，则除了需要录入启用月份余额外，还需要录入本年度各会计科目截止到上月份的累计发生额。（ ）

6. 输入期初余额时，上级会计科目的余额和累计发生数据需要手工输入。（ ）

7. 期初余额录入完毕后，如果试算不平衡，则不能进行日常处理。（ ）

8. 在输入期初余额时，若某一会计科目涉及辅助核算，可以直接输入总账期初余额。（ ）

9. 在输入期初余额时，应注意调整有关科目的余额方向。（ ）

10. 若科目有辅助核算，应整理各辅助项目的期初余额，以便在期初余额中录入。（ ）

11. 一个会计科目只能设置一种辅助核算。（ ）

12. 带有辅助核算的科目初始余额输入，其余额不能直接在期初余额栏录入，而是通过辅助核算的明细项目逐笔输入，然后由系统自动汇总产生。（ ）

二、单项选择题

1. 辅助核算要设置在（ ）会计科目上。

A. 一级　B. 最末级　C. 二级　D. 三级

2. 期初余额录入要从（ ）科目开始。

A. 一级　B. 二级　C. 三级　D. 最末级

3. 初始余额录入后，对于其数据是否正确，下列说法正确的是（ ）。

A. 系统自动检验　B. 手工进行检验　C. 不必进行检验　D. 以上都可以

4. 初始余额录入后，若系统提示数据错误，则（ ）。

A. 不必一定修改　B. 必须修改直到借贷双方平衡

C. 是否平衡没有影响　D. 下月再修改

5. 在总账系统中，当一个项目跨部门核算时，为了核算同一项目在不同部门的费用收入情况，在设置会计科目时，要设置辅助核算为（ ）。

A. 项目核算和部门核算　B. 项目核算

C. 部门核算　D. 项目核算或部门核算

6. 在总账系统初始化期初余额录入时，应当（ ）。

A. 先调整余额方向，再录入期初余额　B. 先录入期初余额，再调整余额方向

C. 可以不考虑余额的方向　D. 余额的方向可随时调整

7.总账系统科目期初余额录入完毕后，必须进行（　　）。

A.汇总　　B.审核　　C.试算平衡　　D.查询

8.总账系统科目期初余额的试算平衡是在（　　）阶段进行的。

A.系统初始化　　B.日常账务处理　　C.编制报表　　D.结账

三、多项选择题

1.在总账系统中，可以直接输入期初余额的有（　　）。

A.没有辅助核算的末级明细科目

B.往来核算、项目核算

C.一级科目

D.没有下级科目和辅助核算的一级科目

2.下列各项中，属于辅助核算项目设置内容的有（　　）。

A.设备核算　　B.部门核算　　C.项目核算　　D.往来单位核算

3.录入期初余额时，若年中启用，则需要录入末级科目的（　　）。

A.累计借方发生额　　B.期初余额

C.年初余额　　D.累计贷方发生额

4.关于录入会计科目初始数据，下列说法正确的有（　　）。

A.在系统中一般只需要对末级科目录入期初余额，系统会根据下级会计科目自动汇总生成上级会计科目的期初余额

B.如果会计科目设置了数量核算，用户还应该输入相应的数量和单价

C.如果会计科目设置了外币核算，用户应该先录入本币余额，再录入外币余额

D.如果会计科目设置了辅助核算，用户应该从辅助账录入期初明细数据，系统会自动汇总并生成会计科目的期初余额

项目四

总账系统业务处理

任务一　凭证填制

一、判断题（正确的打“√”，错误的打“×”）

1. 其他模块传递过来的凭证可以在总账系统中进行修改。（　）
2. 红字余额用负数表示。（　）
3. 电算化方式下，一张凭证中可填写的行数是有限制的，最多为6行。（　）
4. 填制凭证时，金额不能为零，红字以“-”号表示。（　）
5. 填制凭证时，正文中不同行的摘要可以相同也可以不同，也可为空。（　）
6. 在总账系统中，可以对应收系统传递的凭证进行删除或冲销。（　）
7. 在对凭证进行修改后，系统不会按照凭证录入时的校验标准对凭证内容进行检查，直接就可以保存。（　）
8. 凭证可以修改的内容一般包括摘要、类别、金额及方向等，而会计科目、凭证编号不能修改，制单日期的修改也会受到限制。（　）
9. 如果需要修改他人制作的凭证，在总账系统参数设置中需要勾选“允许修改他人凭证”的选项，修改后凭证的制单人将显示为修改凭证的操作人员。（　）
10. 在电算化方式下，一张凭证中可填写的行数没有限制。（　）
11. 在填制凭证时，如需确定借/贷方科目，只能输入科目编码。（　）
12. 在电算化方式下，只能采用自动凭证编号模式。（　）
13. 如果录入的记账凭证不符合用户设置的限定条件或限制科目，则系统会自动退出。（　）
14. 输入的记账凭证中借贷双方金额必须平衡，并允许没有输入金额。（　）
15. 总账系统必须拒绝输入的收款凭证借方科目不是“库存现金”或“银行存款”科目。（　）
16. 填制凭证时，摘要可以为空。（　）
17. 不能直接删除非末级科目。（　）
18. 已使用的会计科目可以删除。（　）
19. 在总账系统中，必须由系统自动生成凭证号，以保证凭证号的连续性。（　）
20. 在总账系统中填制记账凭证时，应同时输入总账科目和明细科目。（　）
21. 在总账系统中设置会计科目时，科目代码不能为空，但允许重复。（　）

二、单项选择题

1. 关于使用红字冲销法生成的凭证，下列说法中正确的是（　）。

　A. 不需审核　　B. 不能记账　　C. 仍需审核　　D. 都不对

2. 在填制凭证时，操作员输入科目代码后，系统将自动显示（　）。

　A. 科目类型　　B. 科目名称　　C. 借方金额　　D. 贷方金额

3.凭证一旦保存，其（　　）不能修改。

A.凭证编号　　B.制单日期　　C.摘要　　D.金额

4.在总账系统中，关于凭证删除的描述错误的是（　　）。

A.对已输入但未审核的凭证可进行删除

B.只能删除最后一张未审核的凭证，并确保凭证号连续

C.已审核的凭证不能直接删除，可先取消审核再删除

D.已记账的凭证不能删除，可采用红字冲销法冲销

5.在总账系统中，记账凭证的编制（　　）。

A.完全由手工录入　　B.完全由系统自动生成

C.手工录入与自动生成相结合　　D.以上都不对

6.在总账系统中，每张凭证的借贷方数据的平衡关系由（　　）校对。

A.手工　　B.录入员　　C.程序自动　　D.审核员

7.在填制记账凭证时，制单人签字（　　）。

A.由系统根据进入总账系统编制凭证的操作员姓名自动输入

B.由制单人利用键盘输入

C.由审核人利用键盘输入

D.由账套主管利用键盘输入

8.在使用总账系统进行日常账务处理时，最频繁的工作是（　　）。

A.输入凭证　　B.修改凭证　　C.删除凭证　　D.凭证记账

9.对于付款类凭证，贷方必是（　　）。

A.库存现金　　B.银行存款

C.库存现金和银行存款　　D.库存现金或银行存款

10.在总账系统中输入凭证时，摘要的输入方式通常是（　　）。

A.直接输入　　B.复制粘贴

C.调用预设常用摘要　　D.以上全部

11.录入凭证时，借贷不平衡的凭证（　　）。

A.不能保存　　B.可强行保存　　C.不能退出　　D.不能放弃

12.使用用友软件填制凭证时，凭证正文的内容不包括（　　）。

A.摘要　　B.金额　　C.附件　　D.科目

13.使用总账系统填制凭证时，如果有往来账核算要求，则要求输入（　　）。

A.数量和单价　　B.对应的单位代码和业务员

C.对应的票据日期、结算方式和票号　　D.外币数额和记账汇率

14.填制凭证时，如果系统提示“科目不存在”，表示该科目是（　　）。

A.没有设置的科目　　B.非明细科目

C.非法对应科目　　D.以上都不是

15.若填制的凭证能顺利保存，表示该凭证的金额（　　）。

A.一定正确　　B.借贷平衡　　C.A或B都对　　D.A或B都不对

16.当发现已记账的凭证有错误时，可通过（　　）来修改错误。

A.红字冲销法 B.删除该凭证 C.直接修改 D.以上都不对

17.填制凭证时，输入的会计科目编码应当是（ ）。

A.一级 B.二级 C.总账 D.末级

18.对于付款凭证，可设置的贷方科目是（ ）。

A.库存现金 B.银行存款 C.A和B D.A或B

19.外部系统传过来的凭证（ ）。

A.不需记账 B.在总账系统中可做部分修改

C.只能在生成该凭证的系统中修改 D.不需修改

20.凭证录入的内容不包括（ ）。

A.凭证类别 B.制单日期 C.摘要 D.期初余额

21.下列各项中，关于填制凭证的说法不正确的是（ ）。

A.“银行存款”科目在会计科目设置时没有指定到银行科目，在填制凭证时，系统会弹出结算方式、票号、日期等辅助信息，用户可根据科目属性录入相应的辅助信息

B.对于设置外币核算的会计科目，系统会要求输入外币金额和汇率

C.对于系统初始化设置时已经设置为辅助核算的会计科目，在填制凭证时，系统会弹出相应的窗口，要求根据科目属性录入相应的辅助信息

D.对于设置为数量核算的会计科目，系统会要求输入该会计科目发生的数量和交易的单价

22.使用总账系统输入凭证时，对凭证编号的要求是（ ）。

A.任意编号 B.按凭证类别按月进行顺序编号

C.按凭证类别进行编号 D.按月顺序编号

23.下列各项不属于总账系统处理的凭证的是（ ）。

A.手工录入凭证 B.自动生成凭证 C.原始凭证 D.传递进入凭证

24.下列各项中，一定不是凭证录入员工作的是（ ）。

A.录入凭证 B.汇总账簿 C.审核凭证 D.打印账簿

25.一般情况下，由系统分类按月自动编制凭证编号，即每类凭证每月都从（ ）号开始。

A.1 B.01 C.001 D.0001

26.在总账系统中输入凭证头部分时，不合理的要求是（ ）。

A.必须输入已定义的类别代码和名称 B.必须分类别按月顺序编号

C.附件张数不能为零 D.日期应随凭证号递增而递增

27.使用总账系统填制凭证时，审核人签字（ ）。

A.由系统根据进入本功能时输入的操作员姓名自动输入

B.由操作员利用键盘输入

C.由审核员利用键盘输入

D.由电算主管利用键盘输入

28.凭证内容修改时会受到（ ）的限制。

A.会计科目　B.金额　C.凭证编号　D.制单日期

29.填制凭证时，若输入的科目属于外币核算，则需要输入（　）。

A.外币原值　B.外币汇率　C.外币币种　D.原值和汇率

30.可按“（　）”键取当前凭证借贷方金额的差额到当前光标位置。

A.=　B.+　C.空格　D.回车

31.在总账系统中，同类凭证要求按（　）从1开始连续编号。

A.年　B.月　C.季　D.半年

32.在总账系统中录入凭证时，若不存在用户录入的科目，则系统会（　）。

A.自动添加该科目

B.自动退出凭证录入操作

C.对用户给予明确提示并允许用户更正

D.发生死机

三、多项选择题

1.凭证中不同行输入的摘要（　）。

A.可以相同　B.可以不同　C.可以为空　D.不能为空

2.在输入记账凭证的过程中，会计软件必须提示操作员更正的情况是（　）。

A.记账凭证借贷双方金额本应是10 000，却错误地输入1 000

B.借贷凭证有借方科目而无贷方科目，或者有贷方科目而无借方科目

C.输入的收款凭证借方科目不是“库存现金”或“银行存款”科目

D.输入的付款凭证贷方科目不是“库存现金”或“银行存款”科目

3.采用序时控制时，填制凭证日期（　）。

A.可以超过业务日期　B.不能超过业务日期

C.不能超过账套启用日期　D.可以超过账套启用日期

4.输入凭证科目时，如果该科目为银行科目，还应输入结算方式和票号等内容，输入这些数据的主要目的包括（　）。

A.便于查询　B.便于银行对账

C.便于支票管理　D.便于记账

5.填制凭证时，确定科目的方法有（　）。

A.可输入科目编码　B.可输入科目名称

B.可输入助记码　D.可选择输入

6.凭证一旦保存，不能修改的有（　）。

A.凭证类别　B.凭证编号　C.摘要　D.辅助信息

7.记账凭证中应输入的项目包括（　）。

A.填制凭证日期和编号　B.经济业务内容摘要

C.会计科目或编号　D.金额

8.关于摘要的输入，下列说法错误的有（　）。

A.摘要应简单明了　B.可以选择输入常用摘要

C.摘要只能出现在分录的第一行　　D.摘要可以为空

9.输入凭证科目时，如果该科目要进行数量核算，则屏幕提示输入（　　）。

A.数量　　B.金额　　C.单价　　D.数量单位

10.输入凭证的会计科目时，如果该科目为银行科目，还应输入（　　）。

A.结算方式　　B.编号　　C.数量　　D.发生日期

11.下列可以采用无痕迹修改方法进行修改的凭证有（　　）。

A.未保存凭证　　B.已保存凭证　　C.已审核凭证　　D.已记账凭证

12.在会计电算化条件下，输入的会计数据主要有（　　）。

A.初始数据　　B.记账凭证数据

C.原始凭证数据　　D.会计账簿数据

13.凭证可以修改的内容一般包括（　　）。

A.会计科目　　B.凭证类别　　C.凭证编号　　D.方向

14.在录入凭证过程中，系统对当前编制的凭证不予认可的有（　　）。

A.某一行记录只有借方金额　　B.一行记录中既有借方金额也有贷方金额

C.某一行记录只有贷方金额　　D.借方金额合计和贷方金额合计不相等

15.凭证录入的内容包括（　　）。

A.凭证类别　　B.制单日期　　C.附件张数　　D.制单人

16.下列各项中，关于填制凭证的说法正确的有（　　）。

A.对于系统初始化设置时已经设置为辅助核算的会计科目，在填制凭证时，系统会弹出相应的窗口，要求根据科目属性录入相应的辅助信息

B.对于设置为外币核算的会计科目，系统会要求输入外币金额和汇率

C.对于设置为数量核算的会计科目，系统不要求输入该科目发生的数量和单价

D.对于设置为数量核算的会计科目，系统会要求输入该科目发生的数量和单价

17.在凭证实时校验时，系统会对凭证内容的合法性进行校验，校验内容包括（　　）。

A.会计科目是否存在，即会计科目是否是初始化时设置的会计科目

B.会计科目是否为末级科目

C.会计科目是否符合凭证的类别限定条件

D.发生额是否满足“有借必有贷，借贷必相等”的记账凭证要求

任务二　出纳签字

一、判断题（正确的打“√”，错误的打“×”）

1.若设置了“凭证需出纳签字”参数，则对于收款凭证和付款凭证，不仅需要审核签字，还需要出纳签字。（　　）

2.审核记账人员不得兼任出纳工作。（　　）

3. 收款凭证、付款凭证必须由出纳签字。 (　　)

二、单项选择题

收付款凭证若要出纳签字，需先设置（　　）参数。

A. 凭证需审核　　B. 凭证需出纳签字　　C. 凭证需过账　　D. 凭证需登账

三、多项选择题

下列凭证选项中，（　　）必须由出纳签字。

A. 收款凭证　　B. 付款凭证　　C. 转账凭证　　D. 记账凭证

任务三　凭证审核

一、判断题（正确的打“√”，错误的打“×”）

1. 会计制度规定，审核人与制单人不能为同一人。 (　　)
2. 只有审核后的凭证才能执行记账操作。 (　　)
3. 经过审核人员审核，并已签章而未记账的凭证，如果存在错误需要修改，可以由填制人直接修改。 (　　)
4. 审核凭证是指审核人员按照国家统一会计准则、制度规定，对于完成制单的记账凭证的正确性、合规合法性等进行检查核对。 (　　)
5. 在总账系统中，对机内记账凭证的审核是由输入该凭证的人员兼管的。 (　　)
6. 在审核记账凭证时，若发现工资费用结转凭证有错，则在总账系统中直接修改即可。 (　　)
7. 对未审核的凭证或审核标错的凭证，可以由填制人直接进行修改并保存。审核标错的凭证在修改正确后，出错的标记将会消失。 (　　)
8. 已审核的凭证可以直接修改。 (　　)
9. 发现已审核的记账凭证有错误时，只能用红字冲销法进行修改。 (　　)

二、单项选择题

1. 对于已审核但未记账的凭证的修改方法为（　　）。

A. 不能修改　　B. 直接修改

C. 先作废，再修改　　D. 先取消审核，再修改

2. 总账系统的主要功能包括（　　）。

A. 工资计算　　B. 凭证审核　　C. 折旧计算　　D. 坏账准备

3. 下列各项中，关于凭证审核的操作控制，说法不正确的是（　　）。

A. 审核人与制单人不能是同一人

B. 可以由制单人进行审核凭证

C.已经通过审核的凭证不能被修改或者删除，如果需要修改或删除，则审核人员取消审核签字后才能进行

D.审核未通过的凭证必须进行修改，通过审核后方能记账

4.关于审核凭证，下列说法错误的是（　　）。

A.必须具有审核权限才能进行审核　　B.制单人与审核人不能同为一人

C.审核后的凭证不可修改、删除　　D.由账套主管取消审核签字

5.下列各项属于审核员工作的是（　　）。

A.录入凭证　　B.审核凭证　　C.修改凭证　　D.凭证记账

6.下列关于彻底删除一张未审核的凭证，正确的操作是（　　）。

A.可直接删除　　B.可将其作废

C.先作废，再整理凭证断号　　D.先整理凭证断号，再作废

三、多项选择题

1.下列关于审核凭证的操作控制的说法正确的有（　　）。

A.审核人和制单人不能是同一人

B.审核凭证只能由具有审核权限的人进行

C.已经通过审核的凭证不能被修改或者删除，如果需要修改或删除，则在审核人员取消审核签字后才能进行

D.审核未通过的凭证必须修改，通过审核后方可记账

2.关于凭证审核和记账操作，下列说法错误的有（　　）。

A.凭证审核需先重新注册、更换操作员，由具有审核权限的操作员来进行

B.凭证只能逐张审核，不能成批审核

C.记账操作每月可进行多次

D.上月未记账，本月同样可以记账

3.审核人员在审核记账凭证时（　　）。

A.应该审核附件张数与原始凭证的张数是否一致

B.应该审核凭证的科目对应关系和金额是否正确

C.应该审核摘要是否准确、简明和规范

D.发现凭证的错误应立即进行修改

4.下列各项中，可实现凭证的无痕迹修改的有（　　）。

A.审核并经过记账的凭证　　B.输入后未审核且未记账的凭证

C.已审核但未记账的凭证　　D.结账后的凭证

5.关于凭证审核，下列说法错误的有（　　）。

A.审核员和制单员可以为同一人

B.审核后的凭证需取消审核才能修改

C.审核后的凭证才可记账

D.审核后的凭证还需出纳签字

任务四 凭证记账

一、判断题（正确的打“√”，错误的打“×”）

1.记账工作由计算机自动进行数据处理，每月可进行多次。 （ ）
2.期初余额试算不平衡，可以填制凭证，也可以进行记账。 （ ）
3.已经记账的凭证，可以由制单人直接修改。 （ ）
4.在记账过程中，不应人为终止记账。 （ ）
5.记账凭证的审核、记账等工作都只能在总账系统中完成。 （ ）
6.按规定，已记账的凭证可自行采用不留痕迹或留有痕迹的修改方法。 （ ）
7.执行凭证记账功能时，如在给定的记账范围内已有经过记账的凭证，将不对其进行记账，而仅对未记账凭证进行记账。 （ ）
8.未通过审核的凭证，可以进行记账。 （ ）
9.在总账系统中，自动转账生成的记账凭证也需要经过审核后才能记账。 （ ）
10.自动生成的凭证，不需要审核即可记账。 （ ）
11.在会计软件中，发现未记账的凭证有错误时可直接修改。 （ ）
12.只有审核后的凭证才能执行记账操作。 （ ）

二、单项选择题

1.如发现已输入并审核通过的记账凭证有误，应当通过（ ）进行更正。
A.直接对原记账凭证修改　　B.划线更正法
C.撤销审核后再修改　　D.红字凭证冲销法

2.在总账系统中，（ ）的凭证可以登账。
A.已审核　　B.未审核　　C.已存盘　　D.无错误

3.关于记账操作，下列说法错误的是（ ）。
A.凭证一般采用向导方式，这使得记账过程更加明确
B.记账工作由计算机自动进行数据处理
C.第一次记账时，若期初余额试算不平衡，则不能记账
D.未经审核的凭证也可以记账

4.下列各项中，关于凭证修改的操作控制，说法不正确的是（ ）。
A.未审核的凭证可以由填制人员直接进行修改并保存
B.已经记账的凭证不能直接修改
C.经过审核人员审核，并已签章而未记账的凭证，如果存在错误需要修改，应该由制单人员直接进行修改
D.如果需要修改他人制作的凭证，在总账系统参数中需要勾选“允许修改他人凭证”的选项，修改后凭证的制单人将显示为修改凭证的操作人员

5.总账系统最关键的数据处理环节是（ ）。

A.对账 B.记账 C.查账 D.结账

6.关于记账的操作控制，以下说法中错误的是（ ）。

A.一个月可以一天记一次账，可以多天记一次账，也可以一天记多次账

B.一个月只能记一次账

C.在记账过程中，不应人为终止记账

D.上月未结账，本月不可记账

7.在总账系统中，对记账次数的要求是（ ）。

A.每月只能记一次账

B.每天只能记一次账

C.每月最多记三次账

D.每月记账次数不受限制，但至少要记一次账

8.在总账系统中，（ ）后的凭证可以记账。

A.审核 B.修改 C.输入 D.汇总

9.对于已记账的凭证，如果在月末结转前发现录入有错误，则下列说法正确的是（ ）。

A.可以下个月再处理 B.可以编制调整凭证

C.不可以做处理 D.可以直接修改凭证

三、多项选择题

1.发现已经记账的记账凭证有错误，应采用的更正方法有（ ）。

A.直接更正法 B.划线更正法

C.红字凭证冲销法 D.补充凭证法

2.如果凭证不能记账，一般是因为（ ）。

A.做错凭证 B.操作员每月记账的权限受到限制

C.凭证不是当期凭证 D.凭证未审核

3.下列关于记账操作的表述中，错误的有（ ）。

A.每月只能记账一次 B.每月可以记账多次

C.记账只能在月末进行 D.记账可以在月中进行

4.下列关于记账的操作控制的表述中，正确的有（ ）。

A.期初余额不平衡，不能记账

B.上月未结账，本月不可记账

C.未被审核的凭证不能记账

D.一个月可以一天记一次账，可以一天记多次账，也可以多天记一次账

5.下列关于会计电算化记账流程的表述中，正确的有（ ）。

A.记账只是对记账凭证做记账标记

B.记账时同时登记总账、明细账和日记账

C.记账只有一个“记账”功能按键，由计算机自动完成相关账簿的登记

D.记账不产生新的会计核算数据

6.系统记账一般都遵循的过程有（　　）。

A.选择记账凭证　　B.自动检验记账凭证

C.数据保护　　D.正式记账

任务五　凭证管理

一、判断题（正确的打“√”，错误的打“×”）

1.总账系统中各种账簿的数据，不能直接修改，但可查询和打印。（　　）

2.总账系统不仅可以直接处理来自记账凭证的信息，而且可以接收来自各核算子系统的自动转账凭证。（　　）

3.总账系统的凭证处理包括凭证的录入、修改、审核、汇总、打印等。（　　）

4.总账系统的主要功能是完成从原始凭证输入到会计报表编制的整个流程。（　　）

二、单项选择题

1.会计核算软件的核心功能模块是（　　）模块。

A.报表处理　　B.总账　　C.工资核算　　D.往来款核算

2.下列各项中，不属于总账系统业务处理内容的是（　　）。

A.设置科目　　B.填制凭证　　C.财产清查　　D.登记账簿

3.下列各项中，不属于总账系统的主要功能的是（　　）。

A.凭证管理　　B.账簿管理　　C.人员档案管理　　D.期初余额处理

4.日常账务处理的任务不包括（　　）。

A.结账　　B.审核凭证　　C.记账　　D.填制凭证

5.（　　）模块在会计核算软件中处于核心地位，它与其他各个核算模块有着紧密的联系。

A.总账　　B.存货核算　　C.固定资产核算　　D.报表处理

三、多项选择题

1.关于凭证修改，下列说法正确的有（　　）。

A.一般不可修改别人的凭证

B.在总账系统，不可修改其他模块传入的凭证

C.已审核但未记账的凭证可以直接修改

D.凭证最多只能修改两次

2.总账系统提供的往来管理通常有（　　）。

A.客户往来　　B.部门往来　　C.供应商往来　　D.个人往来

3. 日常账务处理的任务主要包括（ ）。

A. 填制凭证 B. 审核凭证 C. 记账 D. 结账

4. 日常账务处理的任务中，（ ）是必须进行的操作。

A. 填制凭证 B. 审核凭证 C. 记账 D. 出纳签字

5. 总账系统可以接收（ ）模块生成的凭证。

A. 往来管理 B. 固定资产管理 C. 财务分析 D. 薪资管理

6. 下列操作不能由计算机自动进行的有（ ）。

A. 凭证输入 B. 凭证审核 C. 记账 D. 结账

7. 一般情况下，总账系统主要由初始设置和（ ）模块组成。

A. 月末处理 B. 编制报表 C. 账簿输出 D. 凭证处理

8. 在总账系统中，记账凭证的来源有（ ）。

A. 从其他模块生成并自动传递转入

B. 根据审核无误的原始单据人工编制录入

C. 根据设定的自动转账分录自动生成

D. 从外部导入，如凭证引入或接口开发

任务六 账簿查询

一、判断题（正确的打“√”，错误的打“×”）

1. 查询多栏账时，用户可以设置多种查询条件，包括多栏账名称、月份、是否包含未记账凭证等。（ ）

2. 在会计电算化方式下，账簿中不能查询到未记账凭证的信息。（ ）

3. 在会计核算软件内登记总分类账和明细分类账时，应当计算出会计科目的发生额和余额。（ ）

4. 在明细账查询窗口下，系统一般允许联查所选明细事项的记账凭证及总账。（ ）

5. 资金日报表以日为单位，列示库存现金、银行存款科目当日累计借方发生额和贷方发生额，计算出当日余额，并累计当日发生的业务笔数，对每笔资金收支业务、金额进行详细汇报。（ ）

6. 在总账查询窗口下，系统一般不允许联查当前会计科目当前月份的明细账。（ ）

二、单项选择题

1. 在总账查询窗口下，系统一般允许联查当前会计科目当前月份的（ ）。

A. 总账 B. 明细账 C. 多栏账 D. 辅助账

2. 计算机总账系统（ ）会计科目输出对应账簿。

A.只能在一级　B.可在任何一级　B.只能在明细　C.都不对

3.在总账系统中，记账后形成的记账凭证文件的主要用途是（　　）。

A.登记工资表　B.产生各类总账、明细账和日记账

C.进行总账凭证汇总　D.编制报表

4.在总账系统中，账簿中的数据（　　）。

A.不可以修改或删除　B.可以删除

C.可以增加　D.可以修改

5.总账查询用于查询（　　）的年初余额、各月期初余额、发生额合计和期末余额。

A.辅助账　B.明细科目　C.总账科目　D.日记账

6.在实行计算机记账后，可以用（　　）代替总账。

A.明细账　B.多栏账　C.余额表　D.日报表

7.下列关于账簿查询内容的表述中，不正确的是（　　）。

A.总账查询用于查询各总账科目的年初余额、各月发生额合计和月末余额

B.明细账查询用于查询各总账科目的发生情况，用户可以设置多种查询条件

C.余额表用于查询统计各级会计科目的期初余额、本期发生额、累计发生额和期末余额等

D.日记账用于查询除库存现金日记账、银行存款日记账以外的其他日记账

8.在明细账查询窗口下，系统一般允许联查所选明细事项的记账凭证及（　　）。

A.总账　B.明细账　C.多栏账　D.日记账

三、多项选择题

1.查询明细账时，可以设置的查询条件有（　　）。

A.会计科目范围　B.查询月份　C.会计科目代码　D.本期发生额

2.基本会计核算账簿管理包括（　　）的查询及打印。

A.总账　B.余额表　C.明细账　D.客户往来账

3.在总账系统中，不需要增设就可以直接查询的账簿有（　　）。

A.三栏账　B.多栏账　C.余额账　D.明细账

4.辅助账查询应包括（　　）。

A.客户往来查询　B.供应商往来查询

C.项目核算的辅助总账查询　D.辅助明细账查询

5.总账查询可根据需要设置的查询条件有（　　）。

A.会计科目代码　B.会计科目范围

C.会计科目级次　D.是否包含未记账凭证

6.在会计软件中，可以对（　　）账簿进行查询。

A.总账　B.明细账　C.多栏账　D.个人往来账

7.在任何打印输出的会计账簿中都不可以减少的有（　　）。

A.表格线　B.年份　C.月、日　D.摘要

8. 账簿查询的内容包括（　　）。

A. 总账查询　B. 明细账查询　C. 余额表查询　D. 多栏账查询

9. 在总账系统中，按明细科目自动生成“多栏账”时，分析栏在贷方的有（　　）。

A. 费用类科目　B. 资产类科目　C. 收入类科目　D. 负债类科目

10. 在总账系统中，可以查询的账簿有（　　）。

A. 日记账　B. 科目余额表　C. 总账　D. 明细账

任务七　期末处理

一、判断题（正确的打“√”，错误的打“×”）

1. 结账每月只能进行一次。结账后，当月不能修改凭证，但可以录入记账凭证。（　　）

2. 对账是指计算和结转各账簿的本期发生额和期末余额，并终止本期的账务处理工作。（　　）

3. 结账工作由计算机自动进行数据处理，每月可多次进行。（　　）

4. 在会计软件中，结账是指由具有记账权限的人员，通过记账功能发出指令，由计算机按照会计软件预先设计的记账程序自动进行合法性校验、科目汇总、登记账目等操作。（　　）

5. 在总账系统中，结账后还可以补记当月凭证。（　　）

6. 在总账系统中，自动转账产生的记账凭证也需要经过审核后才能登账。（　　）

7. 期末自动转账业务没有严格的处理程序。（　　）

8. 为了保证数据的安全，每次结账后，用户都必须对数据进行备份。（　　）

9. 在总账系统中，结账功能每月只能使用一次。（　　）

10. 在会计核算软件中，可以选定多个会计期间同时结账。（　　）

11. 总账系统的期末处理是指会计人员在每个会计期间的期末要完成的特定业务，主要包括会计期末的转账、对账、结账等。（　　）

12. 自动转账定义是指对需要系统自动生成凭证的相关内容进行定义。（　　）

13. 自动转账生成是指在自动转账定义完成后，用户每月月末只需要执行转账生成功能，即可快速生成转账凭证，并将其保存到未记账凭证中。（　　）

14. 对于总账系统期末处理业务，用户可以不按顺序执行自动转账生成功能。（　　）

15. 结账主要包括计算和结转各账簿的本期发生额和期末余额，终止本期的账务处理工作，并将会计科目余额结转至下月作为月初余额。（　　）

16. 进行总账系统期末处理业务，本会计期间的全部经济业务填制的记账凭证可以不进行记账，就能生成自动转账。（　　）

17. 期间损益结转用于在一个会计期间结束时，将损益类科目的余额结转到“本年

利润”科目中，从而及时反映企业利润的盈亏情况。（　）

18.结账只能由具有结账权限的人员进行。（　）

19.在结账前，不需要进行数据备份，如果业务处理有误，可以用红字冲销法进行业务修改。（　）

20.结账时，本期的所有凭证都应当记账。（　）

21.结账后，不能再输入当月的记账凭证，但是可以输入下月的记账凭证。（　）

22.结账后如有需要，上一会计期间的会计凭证仍可输入。（　）

二、单项选择题

1.总账系统的“结账”功能每月可以使用（　）。

A.一次　B.多次　C.指定次数　C.两次

2.在总账系统中，执行（　）功能后，不能再输入本期凭证。

A.登账　B.审核　C.结账　D.查询

3.在总账系统中，允许（　）账。

A.一月结一次　B.一月结数次　C.几月结一次　D.以上都可以

4.每月结账后，不可以操作的是（　）。

A.编制报表　B.查询凭证　C.查询账簿　D.输入该月凭证

5.在（　）情况下可以结账。

A.本月没有未记账凭证　B.本月没有未审核凭证

C.本月有未记账凭证　D.上月有未记账凭证

6.期间损益结转用于在一个会计期间结束时，将损益类科目的余额结转到（　）科目中，从而及时反映企业利润的盈亏情况。

A.未分配利润　B.主营业务收入　C.本年利润　D.实收资本

7.结账后就不能再输入（　）。

A.该月凭证　B.下月凭证　C.常用摘要　D.支票登记簿

8.下列关于结账操作的说法错误的是（　）。

A.结账只能由有结账权限的人进行

B.结账后，不能输入凭证

C.若本月还有未记账凭证，则本月不能结账

D.结账必须按月连续进行，上月未结账，则本月不能结账

9.期末结转业务是企业在每个会计期间（　）之前都要进行的固定业务。

A.记账　B.结账　C.凭证审核　D.出纳签字

10.执行期间损益结转，一般系统能够自动搜索和识别需要进行损益结转的所有科目，并将它们的期末余额转到“本年利润”科目中，期间损益结转后其账户余额（　）。

A.为零　B.与借方发生额相等

C.与贷方发生额相等　D.不为零

11.在总账系统中，（　）功能每月只能使用一次。

A.结账 B.审核凭证 C.记账 D.查询凭证

12.会计核算软件在某月进行月末结账以后，系统应能自动控制且（ ）。

A.不能再录入当月凭证 B.不能录入下月凭证

C.不能再进行凭证查询 D.不能再进行账簿打印

13.结账前，会计核算软件应当自动检查本期输入的会计凭证是否全部（ ）。

A.需要修改 B.审核通过 C.输入完毕 D.登记入账

14.为了保证账证相符、账账相符，用户应该经常进行对账，至少（ ），一般可在月末结账前进行。只有对账正确，才能进行结账操作。

A.一个月两次 B.一个月一次 C.一个月三次 D.每天一次

15.在总账系统中，下列各项能进行结账的是（ ）。

A.有未记账的凭证 B.子系统未结账

C.对账平衡 D.损益类科目还有余额

16.月末结账时，总账系统应提供（ ）功能。

A.删除当月所有凭证、账簿 B.自动将当月余额转入下月

C.强制打印当月凭证 D.强制打印当月账簿

17.自动转账生成前，应该将本会计期间的全部经济业务填制记账凭证，并将所有未记账凭证（ ）。

A.对账 B.不需记账 C.保存 D.审核记账

18.用户应当将所有未记账凭证审核记账后，再进行期间损益结转。在操作时需要设置凭证类别，一般凭证类别为（ ）。

A.收款凭证 B.付款凭证 C.银行收款凭证 D.转账凭证

19.下列各项不属于期末处理内容的是（ ）。

A.银行对账 B.固定资产折旧 C.结账 D.填制凭证

20.（ ）是指对账簿数据进行核对，以检查记账是否正确及账簿是否平衡。

A.记账 B.不能记账 C.对账 D.试算平衡

三、多项选择题

1.下列关于结账操作的说法错误的有（ ）。

A.结账每月只能进行一次 B.结账每月可以进行多次

C.结账在月末进行 D.结账在月中进行

2.下列（ ）情况出现时，会计软件当期不能结账。

A.银行对账出现不一致 B.机内总分类账与机内明细账不一致

C.会计凭证未全部登账 D.存在未经审核的记账凭证

3.关于总账系统的结账功能，下列说法中正确的有（ ）。

A.结账前一般应进行数据备份 B.结账操作只能由会计主管进行

C.已结账月份不能再填制该月记账凭证 D.结账功能每月可根据需要多次进行

4.总账系统的期末业务处理包括（ ）。

A.损益结转 B.调汇 C.结账 D.凭证记账

5.账簿输出通常包括（　　）。

A.总账输出　　B.明细账输出　　C.余额表输出　　D.多栏账输出

6.每月月末编制报表前，应先完成（　　）。

A.当月业务处理并结账　　B.日常业务处理

C.期末摊、提、结转业务处理　　D.报表输出

7.下列各项中，属于期末业务处理的有（　　）。

A.结转　　B.记账　　C.结账　　D.凭证审核

8.自定义结转通常包括（　　）方面的结转。

A.费用分配　　B.费用分摊　　C.税金计算　　D.提取各项费用

9.使用月末结账功能之前，需要注意的问题有（　　）。

A.本月凭证有没有全部登记入账　　B.本月有没有未审核凭证

C.检查上月是否已结账　　D.操作人员是否是主管会计

10.结账前要进行的工作包括（　　）。

A.检查本月业务是否全部记账，有未记账凭证不能结账

B.月末结转必须全部生成并已记账，否则本月不能结账

C.检查上月是否已结账，如果上月未结账，则本月不能结账

D.核对总账与明细账、总账与辅助账、辅助账与明细账、总账系统与其他子系统的数据是否一致

11.总账系统期末处理的内容主要包括（　　）。

A.自动转账　　B.对账　　C.银行对账　　D.结账

12.关于期末自动转账，下列说法正确的有（　　）。

A.自动转账针对的是期末那些摘要、借贷方会计科目固定不变的会计业务

B.自动转账针对的是期末那些发生金额的来源或计算方法基本相同、相应凭证处理基本固定的会计业务

C.自动转账是将既定模式事先录入并保存到系统中，在需要的时候，让系统按照既定模式，根据对应会计期间的数据自动生成相应的记账凭证

D.自动转账的目的在于减少工作量，避免会计人员重复录入此类凭证，提高记账凭证录入的速度和准确度

13.常用的自动转账功能包括（　　）。

A.自定义转账　　B.凭证摘要　　C.项目录入　　D.期间损益结转

14.自动转账的步骤包括（　　）。

A.对账　　B.自动转账定义　　C.自动转账生成　　D.结账

15.在系统中事先进行自动转账定义，设置的内容一般包括（　　）。

A.发生会计科目　　B.凭证类别　　C.辅助项目　　D.发生额

16.在总账系统中，不能进行结账的情况有（　　）。

A.有未记账的凭证　　B.子系统未结账

C.对账不平衡　　D.损益科目还有余额

项目五

现金银行管理

任务一　系统初始化设置

一、判断题（正确的打“√”，错误的打“×”）

1.审核记账员可兼任单位出纳。（　）

2.银行存款期初余额的录入包括银行存款日记账期初余额的输入，但不包括银行对账单期初余额的输入。（　）

3.在系统初始化时，不需要输入需要在本期进行银行对账的未达账项。（　）

4.“银行对账期初”功能用于在第一次使用该模块前录入日记账和对账单未达账项，之后一般不再使用。（　）

二、单项选择题

下列各项不属于系统初始化设置的内容的是（　）。

A.银行对账启用日期　　B.企业日记账调整前余额

C.银行对账单调整前期初余额　　D.银行对账

三、多项选择题

已输入期初余额并制单的现金和银行总账科目不能直接删除，若要删除，必须先执行（　）操作。

A.删除使用该科目的凭证　　B.删除其下级科目

C.取消现金银行科目指定　　D.将该科目及其下级科目余额清零

任务二　库存现金日记账

一、判断题（正确的打“√”，错误的打“×”）

只有在“会计科目”功能下通过“指定科目”预先指定科目为现金类科目，才可以通过“现金日记账”功能查询其日记账。（　）

二、单项选择题

出纳登记日记账时，应根据用户设定的日记账格式，按（　）的先后顺序逐笔登记。

A.金额　　B.借贷

C.日期　　D.经办人

三、多项选择题

在查询库存现金日记账时，系统提供的查询方式有（　　）。

A.按日　　B.按旬　　C.按月　　D.按周

任务三　银行存款日记账

一、判断题（正确的打“√”，错误的打“×”）

1.库存现金日记账和银行存款日记账无论业务多少，都需要每天打印输出。（　　）

2.库存现金日记账和银行存款日记账要求做到日清月结。（　　）

二、单项选择题

库存现金日记账和银行存款日记账要每（　　）登记并打印输出，做到日清月结。

A.日　　B.旬　　C.月　　D.周

三、多项选择题

明光公司在工商银行开立了一个日元账户，公司对该账户进行银行存款日记账管理，并定期进行银行对账，则在设置会计科目时应选择（　　）。

A.日记账　　B.银行账　　C.外币核算　　D.项目核算

任务四　银行对账

一、判断题（正确的打“√”，错误的打“×”）

1.银行对账有自动对账和手工对账两种方式。（　　）

2.在计算机总账系统中，银行对账科目的科目性质在科目设置时应定义为“银行账”辅助账类。（　　）

3.银行对账和往来对账是一回事。（　　）

4.银行对账中的核销，是指在日记账中删除银行存款的已达账项，使其在银行存款日记账中不再出现。（　　）

5.银行存款余额调节表由用户自己输入。（　　）

6.银行对账功能通常由出纳人员在会计期末进行。（　　）

7.银行对账就是将企业登记的银行存款日记账和库存现金日记账进行核对。（　　）

8.会计核算软件应当提供自动进行银行对账的功能，根据机内银行存款日记账与输入的银行对账单，再加上适当的手工辅助，自动生成银行存款余额调节表。（　　）

9. 总账系统可完全代替会计人员完成银行对账工作。（　）

10. 进行银行对账时，由于存在凭证输入不规范等情况，因此可能会造成一些特殊的已达账项未能被系统自动勾对出来，这时为了保证对账准确，可以通过手工对账进行调整勾销。（　）

11. “银行对账”功能应该与其他账务处理功能同时启用，并于启用时输入企业银行存款日记账和银行对账单期初未达账项。（　）

二、单项选择题

1. 银行对账在（　）的情况下可实现自动对账。
   A. 对账单文件中的一条记录和银行存款日记账未达账项文件中的多条记录完全相同
   B. 对账单文件中的一条记录和银行存款日记账未达账项文件中的一条记录完全相同
   C. 对账单文件中的多条记录和银行存款日记账未达账项文件中的一条记录完全相同
   D. 对账单文件中的多条记录和银行存款日记账未达账项文件中的多条记录完全相同

2. 银行对账是根据机内银行存款日记账与（　）进行核对。
   A. 销售对账单　B. 往来账对账单　C. 银行对账单　D. 现金对账单

3. 自动银行对账的必备条件是（　）。
   A. 结算方式相同　B. 借贷方向相同、金额相同
   C. 结算日期相同　D. 结算号相同

4. 以下关于会计核算软件的说法，不正确的是（　）。
   A. 应当具有根据审核通过的机内记账凭证及所附原始凭证登记账簿的功能
   B. 应当具有自动进行银行对账并自动生成银行存款余额调节表的功能
   C. 不管本期输入的会计凭证是否全部登记入账，都可以结账
   D. 应当具有机内会计数据按照规定的会计期间进行结账的功能

5. 日常处理银行对账的第一步工作通常是输入（　）。
   A. 银行存款日记账　B. 银行对账单
   C. 余额调节表　D. 已达账项

6. 一般账务处理系统在自动银行对账时的对账方式包括（　）。
   A. 金额　B. 金额与方向　C. 方向　D. 都不是

7. 银行自动对账方式首先按（　）核销。
   A. 结算票据号+金额　B. 金额与方向
   C. 多对一　D. 多对多

8. 在用友通中，“银行存款”科目必须设置为（　）辅助核算，才能进行银行对账工作。
   A. 日记账　B. 多栏账　C. 银行账　D. 明细账

三、多项选择题

1. 在进行银行对账时，下列说法不正确的有（　　）。
   A. 多对多核对不可以采用自动核对　　B. 多对一核对可以采用自动核对
   C. 一对多核对可以采用自动核对　　D. 一对一核对不能采用手工核对
2. 进行银行对账的主要依据有（　　）。
   A. 发生日期　　B. 结算单号　　C. 出纳人员　　D. 金额
3. 在进行银行对账时，若银行存款余额调节表显示不平，可以考虑查看（　　）。
   A. “银行对账期初”中的调整后余额是否平衡
   B. 长期未达账审计的情况
   C. 银行对账单输入是否正确
   D. 银行对账中勾对是否正确、对账是否平衡
4. 银行对账，是指（　　）之间的核对。
   A. 转账支票　　B. 库存现金日记账
   C. 银行对账单　　D. 银行存款日记账
5. “银行对账”功能可以实现（　　）等操作。
   A. 银行对账单查询　　B. 引入银行对账单
   C. 自动银行对账　　D. 输入银行对账单

任务五　支票管理

一、判断题（正确的打“√”，错误的打“×”）

1. 支票登记簿中的报销日期为空，表示该支票未报销。（　　）
2. 支票登记簿中的报销日期栏可以由系统自动填写，也可以手工填写。（　　）
3. 在银行辅助核算录入窗口，要求输入的票号应与出纳支票登记簿中记录的票号一致，以便系统自动勾销借出支票。（　　）
4. 在支票登记簿中，已报销的支票由系统自动写上报销日期作为已报销的标志，该项标志不可取消。（　　）
5. 使用支票登记簿功能前，应在“结算方式”中设置“是否票据管理”。（　　）
6. 支票的报销日期可以在领用日期之前。（　　）

二、单项选择题

建立支票领用登记簿由（　　）负责。
A. 出纳　　B. 会计主管　　C. 稽核员　　D. 系统管理员

三、多项选择题

1.对结算方式进行设置的目的主要有（　　）。

A.便于对票据进行管理　　B.便于进行银行对账

C.便于进行记账　　D.便于进行编号

2.票据管理用来管理企业因采购商品、接受劳务等而开出的（　　）。

A.银行承兑汇票　　B.商业承兑汇票

C.转账支票　　D.现金支票

3.为了加强企业的银行支票管理，往往需要建立支票登记簿，以详细记录支票的领用、报销等情况，而支票登记簿的建立和使用，应在满足（　　）等条件的基础上进行。

A.已在“设置/结算方式”功能中设定“票据结算”标志

B.已在“设置/科目备查资料”功能中设定相关科目备查项

C.已在“设置/选项”功能中选择“支票控制”选项

D.已在“设置/会计科目”功能中指定银行总账科目

项目六

往来管理

任务一 客户往来两清

一、判断题（正确的打“√”，错误的打“×”）

1.在进行应收款核销处理时，无论采用何种核销方式，应收款的本次核销金额都必须等于收款的本次核销金额。（ ）

2.只有少量往来业务的企业可在总账系统中核算和管理应收账款业务。（ ）

3.在进行手工销账时，如果收款单据的数额小于应收款单据的数额，则收款单据和应收款单据完全核销。（ ）

4.手工核销以发票号作为核销依据。（ ）

二、单项选择题

1.应收账款是指因为（ ）而发生的欠款。

A.外单位借款 B.职工借款 C.赊销商品 D.对外投资

2.“应收账款”科目通常设置的辅助核算是（ ）。

A.个人往来 B.部门核算 C.项目核算 D.客户往来

三、多项选择题

1.企业收到客户款项时，该款项可能有（ ）等用途。

A.结算前欠货款 B.预付款 C.支付其他费用 D.投资

2.收款单用于记录企业所收到的客户款项，款项性质包括（ ）等。

A.其他费用 B.预收款 C.预付款 D.其他应收款

任务二 供应商往来两清

一、判断题（正确的打“√”，错误的打“×”）

1.软件对往来账的清理是通过核销方式进行的，通常使用自动核销的方式。（ ）

2.往来业务核销时，自动核销的原则是同一业务编号中，将核算项目相同、余额为零的那一笔业务以前的所有往来资料核销。（ ）

3.辅助核算项目的共享性打破了会计科目的树形结构体系，构筑起了账户间交叉引用的网状数据结构。（ ）

4.由核算管理系统生成的凭证传递到总账系统后，不能在总账系统中对其进行修改或删除的操作。（ ）

5.在录入科目数据时，若某科目涉及客户（或供应商）往来核算，系统会自动为该科目开设往来辅助核算账页。（　　）

二、单项选择题

要使用往来业务处理功能，在会计科目属性设置中要选择（　　）。

A.核算项目　　B.往来业务核算

C.辅助核算/单一核算项目　　D.辅助核算/多核算项目

三、多项选择题

1.往来业务核销时，可以采用（　　）。

A.自动核销　　B.自动对账　　C.手工核销　　D.手工对账

2.应付款核销时，系统对（　　）的两笔分录自动勾对。

A.借贷方向相反　　B.业务号相同　　C.借贷方向相同　　D.金额一致

任务三　往来查询及函证

一、判断题（正确的打“√”，错误的打“×”）

1.往来账款管理模块中一般都有账龄分析功能。（　　）

2.应收和应付账款管理模块根据往来业务凭证完成应收账款、应付账款等往来业务登记与核销工作，并生成各种账表。（　　）

二、单项选择题

往来查询及函证主要是为了加强对企业（　　）的监督和管理。

A.现金业务　　B.往来业务　　C.销售业务　　D.采购业务

三、多项选择题

往来查询包括（　　）查询。

A.客户　　B.供应商　　C.政府　　D.企业

任务四　往来账龄分析

一、判断题（正确的打“√”，错误的打“×”）

1.所有账龄区间都可以根据需要修改和删除。（　　）

2.应付款账龄分析主要是分析截止到一定日期，供应商付款未冲销的应付款账龄

情况。 ( )

3.坏账收回是指已确认为坏账的应收账款又被收回。 ( )

4.账龄区间的设置内容包括序号、起止天数、总天数。 ( )

5.账龄分析主要用于对未核销的往来账余额、账龄进行分析。 ( )

二、单项选择题

1.账龄分析一般是（ ）的功能。

A.总账系统　　B.薪资管理模块

C.固定资产管理模块　　D.往来管理模块

2.分析往来账龄的主要作用是对设置为往来核算科目的（ ）进行分析。

A.往来款项清偿情况　　B.应付款项归还情况

C.应收账款收取情况　　D.往来款项余额的时间分布情况

3.坏账收回是根据（ ）查找并选择相应的坏账记录，系统将自动生成相应的坏账收回记账凭证。

A.客户名称　　B.客户代码　　C.供应商名称　　D.供应商代码

项目七

职工薪资管理

任务一　薪资管理系统初始化

一、判断题（正确的打“√”，错误的打“×”）

1.薪资管理模块是会计软件中最常见的功能模块之一。（　　）

2.定义工资计算公式时，应先设置应发工资、扣款合计和实发工资，再设置基本工资等工资项目。（　　）

3.扣税、扣零等设置一经设定，不得修改。（　　）

4.工资计算公式用于设置工资项目之间的运算关系。（　　）

5.初次进入薪资管理模块时，应选择单个工资类别或多个工资类别，选定后不可更改。（　　）

6.工资项目的设置可以在系统初建时进行，也可以在以后对项目进行增加或删除等编辑操作时进行。（　　）

7.进入薪资管理模块时，首先需要设置或选择工资类别。（　　）

8.在薪资管理系统中，应先设置工资项目，再进行公式设置。（　　）

9.工资建账完成后，所有建账参数不能修改。（　　）

10.进行部门人员设置时，所有人员都要有所属部门，包括离退休人员。（　　）

11.工资项目定义的内容主要有序号或栏目号、项目名称、数据类型和数据长度。（　　）

12.薪资管理系统主要与总账系统和成本核算系统存在数据传递关系。（　　）

13.薪资管理系统中的职工个人编码必须在整个单位范围内对所有职工按顺序进行，否则在处理职工内部调动时会出现数据混乱的现象。（　　）

14.在薪资管理系统中设置银行档案的主要目的是便于进行银行对账。（　　）

15.应发工资、实发工资等项目的数据类型可以是数值型也可以是字符型。（　　）

二、单项选择题

1.在薪资管理模块中，工资数据编辑的所有项目内容都来自（　　）定义。

A.职工项目　　B.工资项目　　C.职工编号　　D.部门设置

2.企业在使用薪资管理模块之前，应对企业的（　　）进行分类整理和编号。

A.产品　　B.材料　　C.部门和人员　　D.固定资产

3.设置工资项目属于工资核算的（　　）。

A.数据维护　　B.期末业务处理　　C.日常业务处理　　D.系统初始化

4.薪资管理系统的建账工作内容不包括（　　）。

A.参数设置　　B.计算公式设置

C.扣税和扣零设置　　D.职工编码规则设置

5.下列各项不属于职工初始数据的是（　　）。

A.职工姓名、编号、所在部门　　B.职工类别、账号、是否计税
C.职工性别、职务、民族、国籍　　D.应发工资、扣税额、实发工资

6.通常在实际中，(　　) 和人事管理系统被合称为人力资源管理系统。
A.成本管理系统　　B.固定资产管理系统
C.薪资管理系统　　D.材料核算系统

7.我国最早使用和使用最广泛的会计核算子系统是（　　）。
A.账务子系统　　B.固定资产核算子系统
C.工资核算子系统　　D.成本核算子系统

8.在下列工资数据项中，不属于独立项的是（　　）。
A.交通补贴　　B.职务工资　　C.奖励工资　　D.加班补贴

9.增加工资项目时，如果在“增减项”一栏选择“其他”，则该工资项目的数据（　　）。
A.自动计入应发合计
B.自动计入扣款合计
C.既不计入应发合计，也不计入扣款合计
D.既计入应发合计，也计入扣款合计

10.若企业实行普通工资管理，则需要（　　）。
A.设置单个工资类别　　B.设置多个工资类别
C.不设置工资类别　　D.都不对

11.薪资管理系统中的工资项目设置的内容是根据（　　）的实际需要建立的。
A.销售商　　B.用户　　C.开发人员　　D.系统

12.一套工资账中，可同时处理（　　）工资类别。
A.单个　　B.2个　　C.3个　　D.多个

三、多项选择题

1.建立工资账套的工作主要包括（　　）。
A.参数设置　　B.扣税设置　　C.扣零设置　　D.人员编码设置

2.薪资管理模块初始化的主要工作包括（　　）。
A.部门设置　　B.工资项目设置
C.工资计算公式定义　　D.客户设置

3.薪资管理子系统的主要任务有（　　）。
A.计算职工工资
B.对职工工资实行计划管理
C.按工资的用途或部门进行汇总
D.按一定的分配原则进行费用的计提和分配

4.工资原始数据录入中的计算数据可由系统自动生成，如（　　）。
A.病假工资　　B.请假天数　　C.事假工资　　D.扣款合计

5.薪资管理系统中固定的工资项目有（　　）。

A.基本工资　B.应发合计　C.扣款合计　D.实发合计

6.下列工资项目中，（　）的增减项应设置为“其他”。

A.本月扣零　B.日工资　C.缺勤工资　D.加班天数

7.薪资管理系统主要与（　）存在数据联系。

A.总账系统　B.固定资产管理系统

C.成本管理系统　D.销售核算系统

8.关于银行名称的设置，下列说法正确的有（　）。

A.银行名称不能为空　B.银行名称长度不得超过10个汉字

C.银行账号长度不得为空　D.银行账号长度不得超过15位

9.薪资管理模块在建立了工资账套后，还需要进行基础信息设置，主要包括（　）等。

A.部门设置　B.人员类别设置

C.定义工资项目计算公式　D.工资项目设置

10.工资项目设置的内容包括（　）。

A.工资项目名称　B.类型　C.增减项　D.计算公式

11.必须在打开工资类别的情况下才能进行的操作有（　）。

A.增加人员档案　B.增加部门　C.增加人员类别　D.关闭工资类别

任务二　薪资管理日常业务处理

一、判断题（正确的打“√”，错误的打“×”）

1.工资变动处理就是在工资项目的具体数额发生变动时进行设置。（　）

2.进行工资分摊时，必须先关闭工资类别。（　）

3.在薪资管理系统中，个人所得税税率可以修改。（　）

4.在薪资管理系统中，工资分摊生成的凭证将出现在总账系统中，但是应该在工资管理系统中进行审核。（　）

5.薪资管理模块提供了个人所得税自动计算功能，但需要先定义所得税税率。（　）

6.工资转账凭证的生成和录入是在每月计算汇总完之前进行的。（　）

7.薪资管理系统可自动进行工资费用的分配。（　）

8.薪资管理系统可以进行工资费用和“三费”等费用的分配设置，并自动根据设置产生转账凭证，传输到总账系统和成本管理系统。（　）

9.工资费用分配凭证需人工传递到总账系统。（　）

10.工资分摊是指对当月工资总额的计算、分配，以及对各种经费的计提。（　）

11.在薪资管理系统中，只有对工资费用分配定义转账关系后，系统才会自动生成转账凭证。（　）

二、单项选择题

1.在“工资变动”窗口中，需要输入数据的工资项目是（ ）。

A.考勤数据 B.事假扣款 C.职称工资 D.产量工时

2.工资分配的第一步是完成（ ）。

A.工资分摊类型设计 B.工资计算

C.工资汇总 D.公式设置

3.下列各项中，进行工资费用核算不可能涉及的会计科目是（ ）。

A.银行存款 B.应付职工薪酬 C.长期股权投资 D.制造费用

4.下列各项属于工资日常业务处理的是（ ）。

A.变动数据输入 B.工资原始数据输入

C.工资项目设置 D.计算公式设置

5.自动编制工资费用分配转账凭证并传递到总账系统是由（ ）模块完成的。

A.薪资管理 B.固定资产管理 C.报表处理 D.销售管理

6.如果奖金的计算公式为“奖金=iff（人员类别="企业管理人员"and部门="总经理办公室"，800，iff（人员类别="车间管理人员"，500，450））”，且某职工属于一般职工，则该职工的奖金为（ ）元。

A.800 B.500 C.450 D.0

7.薪资管理模块根据工资费用分摊的结果及设置的（ ），生成记账凭证并传递到总账系统。

A.工资项目 B.借贷科目 C.职工名册 D.工资类别

8.（ ）以工资数据为基础，对部门人员类别的工资数据进行分析和比较，生成各种表格，供管理人员决策使用。

A.工资发放表 B.工资条 C.工资分析表 D.工资分摊

9.在“工资变动”中修改了工资数据，未进行重新计算和汇总就关闭“工资变动”功能时，（ ）。

A.系统不允许退出 B.系统提示计算和汇总

C.系统自动计算和汇总 D.系统不进行提示

10.在电算化环境中，工资费用分配数据进入总账系统的方式是（ ）。

A.人工输入记账凭证

B.生成自动转账凭证传递到总账系统

C.利用数据的转入、转出功能转入总账系统

D.利用外部数据引入功能由总账系统从薪资管理子系统中引入数据

三、多项选择题

1.为了便于用户录入和查询工资数据，系统提供的便利功能有（ ）。

A.筛选 B.定位 C.替换 D.排序

2.薪资管理模块的业务处理功能主要包括（ ）。

A.工资类别管理　B.档案管理
C.工资数据的核算与管理　D.账表管理

3.进行工资核算分摊类型设置时，可以设置的分摊类型有（　　）。

A.制造费用　B.应付福利费　C.职工教育经费　D.管理费用

4.薪资管理模块的功能有（　　）。

A.计算职工应发工资　B.计算职工实发工资
C.根据工资用途进行费用的分配　D.缴纳所得税

5.薪资管理系统传递到总账中的凭证，在薪资管理系统中可以进行的操作有（　　）。

A.冲销　B.删除　C.记账　D.审核

6.工资核算功能主要用来计算职工的（　　），并根据工资用途进行分配。

A.应发工资　B.实发工资　C.养老保险金　D.住房公积金

7.进行工资分配时，计提分配的方式有（　　）。

A.分配到部门　B.交叉分配　C.分配到个人　D.都不是

8.工资核算的数据输出方式主要有（　　）。

A.工资条　B.工资发放表
C.工资费用分配表　D.工资汇总表

任务三　薪资管理期末处理

一、判断题（正确的打“√”，错误的打“×”）

1.工资业务处理完成后，要生成工资报表，必须先进行记账。（　　）

2.工资核算月末处理后，会将本月工资明细表设置为不可修改状态，并自动生成下月工资明细表。（　　）

3.在薪资管理系统中，已经结账的数据不能修改。（　　）

二、单项选择题

1.薪资管理模块的反结账功能在（　　）情况下不能执行。

A.已做工资表　B.非主管人员错误操作
C.总账系统已结账　D.采购系统已结账

2.薪资管理系统在月末结账时，要进行清零处理，也就是要对（　　）进行清零处理，并重新输入下月新数据。

A.固定项目　B.变动项目　C.基本项目　D.常用项目

3.薪资管理系统每月必须将工资费用分配表及其他与工资的发放、计提、扣款有关的信息，以记账凭证的形式传递给（　　）。

A.总账系统　B.应收系统　C.成本管理系统　D.固定资产系统

4.薪资管理系统生成记账凭证应在总账系统（　　）进行。

A.结账前　　B.结账后　　C.任意时间　　D.结账中

三、多项选择题

1.下列各项属于薪资管理模块日常使用操作的有（　　）。

A.月末结账　　B.工资计算　　C.工资汇总　　D.人员档案设置

2.总账系统接收（　　）等模块生成的凭证。

A.往来管理　　B.薪资管理　　C.财务分析　　D.成本管理

3.工资数据的输出形式可分为（　　）。

A.图形输出　　B.查询输出　　C.打印输出　　D.磁盘文件输出

4.下列各项属于薪资管理模块的报表有（　　）。

A.工资汇总表　　B.工资分析表　　C.工资发放表　　D.资产负债表

项目八
固定资产管理

任务一　固定资产管理系统初始化

一、判断题（正确的打“√”，错误的打“×”）

1. 固定资产卡片录入只是系统日常业务输入的内容。（　　）
2. 固定资产管理模块对账功能主要是指与薪资管理模块进行对账。（　　）
3. 固定资产管理模块对应折旧科目是指折旧费用的入账科目。（　　）
4. 录入固定资产卡片的工作必须在账套正式启用之前完成。（　　）
5. 固定资产管理子系统的数据处理频率明显大于购、销、存等其他子系统。（　　）
6. 固定资产卡片是固定资产核算和管理的数据基础。（　　）
7. 固定资产卡片中的数据项是固定不变的。（　　）
8. 设置固定资产类别，可以为每一类别指定核算的科目和计提折旧的方法。（　　）
9. 固定资产核算软件是一个独立的软件，与其他财务软件毫无关系。（　　）
10. 固定资产管理系统日常数据输入量少，数据处理方式较简单。（　　）
11. 固定资产卡片输入既是初始设置的内容，也是系统日常业务输入的内容。（　　）
12. 固定资产编号是资产管理者给资产的编号，可以手动输入，也可以采用自动编码的形式自动生成。（　　）
13. 在固定资产管理系统初始化的过程中，账套启用日期既能查看又能修改。（　　）
14. 固定资产卡片的格式可以根据不同单位的需要自行设置。（　　）
15. 如果在某个时间登录固定资产管理系统并处理增减业务，则再次登录时无法采用这之前的日期。（　　）

二、单项选择题

1. 固定资产卡片项目定义完毕，系统投入使用后，卡片项目一般（　　）。
   A. 可以修改　　B. 可以增删，不可以修改
   C. 可以删除　　D. 可以增加
2. 固定资产（　　）是固定资产核算和管理的基础依据。
   A. 期初数据　　B. 类别　　C. 卡片　　D. 状况
3. 固定资产管理模块的“选项”功能中，属于可修改部分的是（　　）。
   A. 主要折旧方法　　B. 是否计提折旧
   C. 资产编号自动编码方式　　D. 开始使用时间
4. 在固定资产卡片中，能够区分固定资产来源的数据项是（　　）。
   A. 资产名称　　B. 资产编号　　C. 增加方式　　D. 规格型号
5. 固定资产管理系统初始化时，会计科目定义是为了系统能自动将相应的记账凭证

传递到（ ）。

A.成本核算系统 B.报表系统

C.总账系统 D.固定资产核算系统

6.固定资产核算的主要任务是计算、汇总和分配固定资产的（ ）。

A.生产成本 B.工作时间 C.原值 D.折旧费用

7.固定资产管理模块主要是存储和管理（ ），对其进行增加、删除、修改、查询、打印、统计和汇总工作。

A.固定资产卡片 B.原始凭证 C.原始记录 D.相关单据

8.固定资产卡片上的项目一般不包括（ ）。

A.类别编号 B.同类固定资产累计折旧汇总数

C.固定资产原值 D.已使用年限及剩余年限

9.在录入固定资产卡片时，（ ）项目是自动给出的，不能更改。

A.录入人 B.固定资产名称 C.存放地点 D.对应折旧科目

三、多项选择题

1.固定资产管理模块初始化设置包括（ ）等内容。

A.固定资产编码设置 B.固定资产使用部门设置

C.固定资产原始卡片录入 D.固定资产折旧分配和转账关系定义

2.关于新卡片的输入，下列说法正确的有（ ）。

A.新卡片第一个月不计提折旧 B.新卡片累计折旧为零

C.原值一定要输入月初价值 D.原值一定要输入月末价值

3.固定资产管理系统使用前的准备工作主要有（ ）。

A.规范基础数据和历史数据 B.规范数据的收集

C.规范计算机系统的工作程序 D.确定折旧方法

4.固定资产管理系统的特点包括（ ）。

A.数据量大，数据在计算机内保留时间长

B.数据处理的频率较低，数据处理方式比较简单

C.数据综合查询和统计要求较强，数据输出主要以报表形式提供

D.与成本管理系统和总账系统存在数据传递关系

5.建立固定资产账套需要设置的内容主要包括（ ）。

A.启用月份 B.折旧信息 C.编码方式 D.账务接口

6.查看固定资产卡片时，可查看其（ ）。

A.历史状态 B.变动清单 C.最新记录 D.原始记录

7.下列关于固定资产卡片的说法正确的有（ ）。

A.固定资产卡片输入既是初始设置的内容，也是系统日常业务输入的内容

B.固定资产卡片项目设置完成并输入数据后，不允许增加项目

C.固定资产卡片项目设置完成并输入数据后，允许增加项目

D.固定资产卡片项目设置完成并输入数据后，不允许修改和删除已有项目

8.固定资产管理系统完成初始化设置后，不可修改的参数有（　　）。

A.本账套是否计提折旧　　B.本账套开始使用时间

C.资产类别编码方式　　D.是否与总账系统对账

9.定义固定资产类别时，下列各项不能为空的有（　　）。

A.类别编码　　B.名称　　C.计提属性　　D.计量单位

任务二　固定资产管理日常业务处理

一、判断题（正确的打“√”，错误的打“×”）

1.资产减少不需要输入资产减少卡片，直接将其删除即可。（　　）

2.在电算化方式下，不可以采用个别折旧率分别计算固定资产的折旧额。（　　）

3.当固定资产原值变动时，需要制作相应的记账凭证在总账系统中登记。（　　）

4.实行会计电算化后，根据固定资产卡片中的有关信息和规定选定折旧方法，系统可自动计算折旧，而不需要人工计算和填列。（　　）

5.资产增加是指以购进或其他方式增加企业资产，资产增加需要输入一张新的固定资产卡片，与固定资产期初输入相对应。（　　）

6.在计提折旧的过程中，一个期间内不可以多次计提折旧。（　　）

7.固定资产减少业务的核算不是直接减少固定资产的价值，而是输入资产减少卡片。（　　）

8.固定资产日常业务处理主要有固定资产的增加、减少和变动。（　　）

9.固定资产原值变动不需要制作记账凭证传递到总账系统。（　　）

10.在固定资产管理系统中，当发生原值调整、使用年限调整时，当月计提的折旧额不变，下月按变化后的值计提折旧。（　　）

二、单项选择题

1.在固定资产管理系统中，（　　）是制作记账凭证、把计提折旧额分配到有关成本和费用中的依据。

A.折旧分配表　　B.折旧清单　　C.折旧汇总表　　D.累计折旧表

2.在固定资产管理系统中使用批量制单方式，记账凭证的摘要（　　）。

A.系统自动给出，不能修改　　B.系统自动给出，能修改

C.只能手动输入　　D.都可以

3.根据会计制度，本期增加的固定资产不计提折旧，本期减少的固定资产（　　）计提折旧。

A.不需要　　B.仍然需要　　C.根据企业要求　　D.根据计提比例

4.在下列固定资产卡片项目的操作中，不需要进行资产变动处理的是（　　）。

A.工作总量调整　　B.累计折旧调整　　C.变更资产编号　　D.资产类别调整

5.在固定资产账套（　　），才能办理资产减少业务。

A.计提折旧前　　B.计提折旧后

C.与总账对账平衡后　　D.完成初始化设置后

6.下列资产变动中，需要制单的是（　　）。

A.使用部门转移　　B.使用状况变动　　C.原值变动　　D.类别调整

7.本月不需要计提折旧的是（　　）。

A.原始卡片输入　　B.新增卡片输入　　C.原值增加　　D.资产减少

8.固定资产减少时，该固定资产记录（　　）。

A.仍保留在固定资产卡片文件中

B.不能删除

C.可直接删除

D.可先转入固定资产备查文件中，然后删除

9.如果折旧计提已制单并且传递到总账系统，那么要（　　）后才能重新计提折旧。

A.冲销　　B.修改　　C.删除　　D.都可以

10.下列功能不属于固定资产管理系统功能的是（　　）。

A.系统设置　　B.增减变动处理　　C.成本处理　　D.折旧处理

三、多项选择题

1.固定资产管理模块提供的增加方式有（　　）。

A.盘盈　　B.直接购买　　C.融资租入　　D.捐赠

2.在固定资产管理模块中，固定资产的使用状况主要有（　　）。

A.季节性停用　　B.经营性出租　　C.大修理停用　　D.未使用

3.下列固定资产业务中，需要通过变动单来处理的有（　　）。

A.原值的变动　　B.工作量的变动

C.使用状况的变动　　D.部门的转移

4.进行固定资产折旧处理时，应根据固定资产卡片每期计提折旧，下列说法正确的有（　　）。

A.一定在月末计提　　B.一定一次批量计提

C.不一定在月末计提　　D.不一定一次批量计提

5.使用固定资产账表查询功能，可及时掌握固定资产的统计、汇总和其他各方面的信息，账表可包括（　　）。

A.账簿　　B.折旧表　　C.统计表　　D.分析表

6.要进行（　　）操作，必须先删除对应凭证。

A.修改已制作凭证的卡片　　B.修改已制作凭证的变动单

C.重新计提分配折旧　　D.资产减少

7.固定资产核算的作用包括（　　）。

A.记录固定资产变动情况　　B.计提折旧

C.实现固定资产卡片管理　　D.日常业务核算

8.固定资产的自动编码形式有（　　）。

A.部门编码+固定资产编码　　B.类别编码+序号

C.部门编码+类别编码+序号　　D.部门编码+序号

任务三　固定资产管理期末处理

一、判断题（正确的打“√”，错误的打“×”）

1.固定资产管理模块的对账功能主要是指与购销存管理模块进行对账。（　　）

2.若固定资产管理系统与总账对账不平，则无法结账。（　　）

3.固定资产管理系统结账之前必须与总账系统进行对账，只有对账平衡，才能开始月末结账。（　　）

4.固定资产管理系统传递到总账系统的凭证，如果发现有错误，可以在总账系统中直接进行修改。（　　）

二、单项选择题

1.固定资产管理模块的对账功能主要是指与（　　）模块进行对账。

A.薪资管理　　B.总账　　C.会计报表　　D.往来管理

2.在固定资产管理系统中，如果要查看各资产的折旧程度，可使用（　　）。

A.原值一览表　　B.明细账

C.固定资产统计表　　D.折旧分配表

3.在固定资产管理系统中，执行（　　）操作后，才能开始处理下一个月的业务。

A.生成凭证　　B.账簿输出　　C.结账　　D.对账

三、多项选择题

1.固定资产管理系统与总账系统的对账主要是通过设置（　　）对账科目来进行的。

A.产品生产成本　　B.固定资产　　C.累计折旧　　D.在建工程

2.固定资产系统除了有系统初始设置、账表输出、期末处理功能之外，还必须具有（　　）等功能。

A.科目汇总并输出总账　　B.处理固定资产的增减变动

C.固定资产的库存管理　　D.计提固定资产折旧并分配

3.固定资产期末无法结账的原因可能有（　　）。

A.本月未计提折旧　　B.提取折旧后改变了折旧方法

C.未制单　　D.对账不平

项目九

财务报表管理

任务一　报表格式设计

一、判断题（正确的打“√”，错误的打“×”）

1. 报表格式设置实质上是设置一个模板，使用这个模板可以无限复制相同格式的表格供用户使用。（　）
2. 报表格式设置是实现计算机自动处理报表数据的关键步骤。（　）
3. 报表关键字实质上是一个计算机的取值函数。（　）
4. 报表结构复制功能只能复制报表格式和报表公式，不能复制编制后生成的数据报表。（　）
5. 报表名是供用户调用设定的报表结构文件时使用的，它与报表的标题有直接关系。（　）
6. 会计电算化报表的格式可任意定义。（　）
7. 在自定义报表系统中，每修改一次单元公式，系统就会自动重新计算一次。（　）
8. 在报表中进行公式设置时，单击“fx”按钮，或双击某公式单元，或按“=”键，都可打开“定义公式”对话框。（　）
9. 报表中形成的报表文件名后缀为“.rep”。（　）
10. 按照不同的分类方式，会计软件可分为不同的类型：按提供信息的层次可分为通用会计软件和定点开发会计软件；按适用范围可分为核算型会计软件和管理型会计软件。（　）
11. 报表按结构的复杂性可分为简单表和复合表两类。（　）
12. 自定义报表取数公式一旦输入，就再也不能在同一操作界面看到这些公式。（　）
13. 勾稽关系是指不同报表之间的核算关系。（　）
14. 函数架起了报表系统与其他系统、同一报表文件中不同表页之间、不同报表文件之间数据传递的桥梁。（　）
15. 合并报表就是汇总报表。（　）
16. 红字余额用负数表示。（　）
17. 报表的区域是由一组单元组成的矩形。（　）
18. 定义报表公式时，既能从科目取数，也能从核算项目取数。（　）
19. 报表固定表元的计算方法是相对稳定的。（　）
20. 报表取数公式定义实质上就是将报表编制出来。（　）
21. 使用公式向导可方便地定义公式，无须再死背公式了。（　）
22. 在自定义报表中，取数公式定义的主要作用是解决会计报表的数据来源。（　）

23.在自定义报表中，系统提供了十分强大的公式取数功能，所以用户必须准确记忆公式的含义。（ ）

24.计算机制作会计报表时，公式取数只能来自账簿。（ ）

25.所有针对单元的操作对组合单元均无效。（ ）

26.舍位平衡公式用于审核报表内或报表间的数据勾稽关系是否正确。（ ）

27.会计报表软件无法提供报表审核功能。（ ）

28.简单表是规则的二维表，由若干行和列组成。（ ）

29.在报表系统中，公式不必以“=”开始。（ ）

30.报表变动表元变动的只是数值，获取数据的来源是相对稳定的。（ ）

31.报表审核公式的设置方法和报表变动表元公式的设置方法有很大区别。（ ）

32.在电算化条件下进行报表格式设置的作用类似于在手工条件下设计并绘制一张待填的空白表格。（ ）

33.审核公式中允许使用的运算符除了有变动表元公式允许使用的运算符外，还有逻辑运算符。（ ）

34.在格式状态下，只能对报表的格式进行设计，而不能进行数据的录入、计算等操作。（ ）

35.会计报表子系统只能接收传递的数据，而不能向其他子系统传递数据。（ ）

二、单项选择题

1.在各类财务报表中，数据间往往存在着某种对应关系，称为（ ）。

A.传递关系 B.依赖关系 C.勾稽关系 D.关联关系

2.二维表中“二维”指的是（ ）。

A.单元格与单元区域 B.报表名与表页号

C.行与列 D.报表关键字

3.通用报表系统和总账系统的桥梁是（ ）。

A.计算公式 B.账务函数 C.审核公式 D.表间计算公式

4.报表格式的四个基本要素是（ ）。

A.表头、表体、表尾、备注 B.标题、表头、表体、表尾

C.标题、表头、表尾、备注 D.主标题、副标题、表体、备注

5.单元格属性是指（ ）。

A.数据的显示格式 B.单个单元、区域或组合单元

C.单元内容的性质 D.数据单位

6.（ ）是一张报表的核心部分，决定了报表的横向组成。

A.标题 B.表头 C.表体 D.表尾

7.下列各项属于报表模块初始化工作的是（ ）。

A.定义表间及表内勾稽关系 B.报表编制

C.报表汇总 D.报表查询

8.利用函数向导方式设置报表取数公式最大的好处是（ ）。

A.可以表示出任何数据来源

B.不必经过系统处理就可直接输出会计报表

C.不需要用户详细掌握函数设置的规则

D.不涉及对会计科目的描述

9.（　　）是实现计算机自动处理报表数据的关键步骤。

A.报表编制　B.报表公式设置　C.报表名称登记　D.报表格式设置

10.尺寸定义的目的是（　　）。

A.定义单元属性　B.确定报表的列数

C.确定报表的行数和列数　D.确定报表的行数

11.在自定义报表中，可以对（　　）设置单元斜线。

A.第一行第一列的单元　B.第一行的单元

C.第一列的单元　D.报表中的任意一个单元

12.在会计报表系统中，报表数据产生溢出，是由于表栏的宽度（　　）数据的实际宽度。

A.等于　B.大于　C.小于　D.不小于

13.在会计报表系统中，运算公式的设置应在（　　）之后完成。

A.报表格式定义　B.报表打印　C.报表输出　D.报表编辑

14.对于一般通用会计报表软件而言，构成报表的基本单位是（　　）。

A.单元　B.区域　C.组合单元　D.表体

15.在报表中，（　　）是必须定义的公式。

A.计算公式　B.审核公式　C.舍位平衡公式　D.自定义公式

16.在报表软件中定义报表公式时，（　　）是必须设置的。

A.取数公式　B.审核公式　C.舍位平衡公式　D.校验公式

17.在报表模块中，定义表内及表间的勾稽关系是通过定义（　　）来实现的。

A.基本公式　B.表元公式　C.审核公式　D.报表公式

18.在电算化条件下，编制报表必须首先建立相应的（　　）。

A.报表结构　B.报表文件　C.报表格式　D.报表公式

19.在报表系统中，同一报表文件的若干张不同期间的表页叫作（　　）。

A.二维表　B.三维表　C.多维表　D.合并表

20.简单表格的四个基本要素中，用来表示报表名称的是（　　）。

A.标题　B.表头　C.表尾　D.表体

21.表体以下进行辅助说明的部分及编制人、审核人等，都是（　　）所包含的内容。

A.标题　B.表尾　C.表头　D.表体

22.报表处理系统中的打开、关闭、保存等命令，都是根据（　　）进行处理的。

A.报表名字　B.表页名　C.关键字　D.表头

23.报表中由表行和表列确定的方格叫作（　　），专门用于填制各种数据。

A.组合单元　B.区域　C.表体　D.单元

24.（　　）是报表的格式，是在格式状态下输入的所有文字、符号或数字。

A.字符单元　B.表格单元　C.组合单元　D.表样单元

25.（　　）是由一组相邻的单元组成的矩形块。

A.字符　B.区域　C.数字　D.图形

26.报表的单元是指（　　）。

A.行　B.列

C.由行和列确定的方格　D.区域

27.舍位平衡计算是指（　　）。

A.四舍五入　B.取整　C.改变计量单位　D.约等于

28.有些报表系统将含有数据的报表分为报表格式设计工作和（　　）工作两大部分来处理。

A.报表数据处理　B.报表单元设计

C.报表表体设计　D.报表内容设计

29.由表行和表列交叉组成的最小区域，我们称为（　　）。

A.表项目　B.表体　C.表格　D.表元

三、多项选择题

1.在报表处理系统中，一般有两种状态，分别是（　　）。

A.格式状态　B.数据状态　C.文本状态　D.常规状态

2.一般会计报表的数据来源有（　　）。

A.从本表或其他报表取数

B.从总账系统的总账、明细账、辅助账，以及其他核算子系统取数

C.从系统外部取数，包括直接手工输入、软盘或通信线路传入等

D.公式取数

3.报表格式设计的内容主要包括（　　）。

A.创建报表文件　B.定义报表格式　C.定义计算公式　D.定义审核公式

4.在报表管理系统中，报表公式定义的内容包括（　　）。

A.计算公式　B.审核公式　C.试算平衡公式　D.校验公式

5.下列各项报表设置的内容中，可以由用户设置的有（　　）。

A.报表指标名称　B.报表的列数　C.报表指标数据　D.报表的列标题

6.下列各项属于报表单元格式设置的内容有（　　）。

A.报表尺寸　B.字体字号　C.边框样式　D.表头表尾

7.报表表体中的表元按其数据特点的不同可分为（　　）。

A.格式表元　B.公式表元　C.固定表元　D.变动表元

8.在报表中，尽管变动表元的值会发生变动，但其变动的只是数值，数据的（　　）都是相对稳定的。

A.采集方式　B.采集方法　C.采集过程　D.采集结果

9.会计报表编制功能是指根据用户定义的（　　）自动产生所需要的报表。

A.报表格式　B.报表公式　C.报表结构　D.报表功能

10.报表系统中的格式管理功能包括（　　）。

A.格式设计　B.报表编制　C.公式定义　D.绘制图形

11.报表格式设计的主要内容包括（　　）。

A.定义报表标题　B.定义报表的表头、表尾

C.定义获取数据的计算公式　D.定义报表固定栏目、画表格线

任务二　报表数据处理

一、判断题（正确的打“√”，错误的打“×”）

1.报表处理软件只能编制会计报表。（　　）

2.一般而言，报表处理系统是一个三维立体报表处理系统，确定一个数据的所有要素包括表名、列、行和表页。（　　）

3.对于设置好的报表，在需要时只要运行报表编制功能，即可产生需要的报表，无须每次重新定义该报表。（　　）

4.报表数据必须从账簿中提取。（　　）

5.审核只能找出一张报表内部存在的问题，不能找出不同报表文件中存在的问题。（　　）

6.报表的编制是由计算机在人的控制下自动完成的。（　　）

7.报表的单元是指由行和列确定的方格。（　　）

8.报表运算公式的运算符包括“+”“-”“>”“<”等。（　　）

9.报表运算公式是指在编制报表时，确定表元数据来源的公式。（　　）

10.报表重算是指按所有录入的会计凭证数据重新计算。（　　）

11.自定义报表时，每个会计期末需重新计算本期报表，本期报表会覆盖上期报表，所以若想查询以前期间的报表，只能通过以前打印出来的报表进行查询。（　　）

12.在报表系统中，只能生成报表数据，不能进行图表分析。（　　）

13.关键字的位置可以用偏移量来表示，负数值表示向左移，正数值表示向右移。（　　）

14.关键字偏移量的单位为毫米。（　　）

15.日期关键字可以确认报表数据取数的时间范围，即确定数据生成的具体日期。（　　）

16.企业常用的财务报表数据一般来源于总账系统或报表系统本身，取自报表的数据又可以分为从本表取数和从其他报表的表页取数，但这些取数都需要通过函数实现。（　　）

17.只有将报表切换到数据状态，才能生成报表的数据。（　　）

18.报表中的关键字设置工作必须在格式状态下进行。（　　）

19. 定义表内及表间勾稽关系的目的是检验报表内或报表之间的勾稽关系是否正确。（ ）

20. 在编制报表时可以选择整表计算或表页重算，整表计算是将该表的所有表页全部进行计算，而表页重算仅是将该表页的数据进行计算。（ ）

21. 在格式状态下输入内容的单元均默认为表样单元，未输入数据的单元均默认为数值单元，在数据状态下可输入数值。（ ）

22. 舍位平衡公式中可以使用“+”“/”“*”等任何运算符号。（ ）

23. 一张报表最多只能管理99 999张表页。（ ）

24. 不同的报表，报表名原则上不能相同。（ ）

25. 报表文件创建完成后，应定义报表格式，报表格式设计是制作报表的基本步骤，它决定了整张报表的外观和结构。（ ）

26. 报表数据处理不一定在“数据”状态下进行。（ ）

27. 单元公式中涉及的符号均为英文全角字符。（ ）

28. 报表格式的设置方式可以划分为非直观和直观两种。（ ）

29. 编制单位、日期一般不作为文字内容输入，而应设置为关键字。（ ）

30. 报表删除功能不仅可以删除编制得到的数据表，而且可以删除表结构。（ ）

31. 报表审核公式的运算符包括“+”“-”“>”“<”等。（ ）

32. 报表输出功能除了可以在屏幕显示编好的报表外，更主要的是可以打印输出已编好的报表。（ ）

二、单项选择题

1. 在格式状态下所做的操作将对进入数据处理后的（ ）表页有效。

A. 所有　　B. 当前　　C. 选定　　D. 部分

2. 下列不属于单元类型的是（ ）。

A. 数值单元　　B. 字符单元　　C. 表样单元　　D. 组合单元

3. 报表处理模块应用的基本程序是（ ）。

A. 报表登记、公式定义、格式设计、报表编制

B. 报表登记、格式设计、公式定义、报表编制

C. 格式设计、报表登记、公式定义、报表编制

D. 格式设计、公式定义、报表登记、报表编制

4. 报表中图形与数据的关系是（ ）。

A. 图形是利用报表文件的数据生成的　　B. 图形是独立的文件

C. 图形可以单独打开　　D. 报表数据被删除后，图形可以存在

5.（ ）模块是一个综合性较强的模块。

A. 薪资管理　　B. 固定资产管理　　C. 销售管理　　D. 报表管理

6.（ ）是会计报表变动表元的主要数据来源。

A. 从其他会计核算模块中取数　　B. 从会计报表自身取数

C. 从总账系统中取数　　D. 从外部取数

7.在报表处理系统中，一般有两种状态，一种是格式状态，另一种是（　　）状态。

A.报表　　B.字符　　C.数据　　D.表页

8.关键字是游离于单元之外的特殊数据单元，可以标识（　　）表页，每个报表可以定义（　　）关键字。

A.一个、多个　　B.一个、一个　　C.多个、一个　　D.多个、多个

9.报表管理系统的主要功能是（　　）。

A.报表初始化、数据处理　　B.数据处理、打印输出

C.报表初始化、数据处理、打印输出　　D.表样定义、数据处理、打印输出

10.数据处理状态下必须使用的功能是（　　）。

A.输入和修改数据　　B.报表数据计算

C.舍位平衡计算　　D.排序查找

11.简单表是规则的二维表，由若干行和列组成，下列各项不属于简单表的是（　　）。

A.资产负债表　　B.合并报表　　C.利润表　　D.现金流量表

12.报表处理系统的函数QC表示（　　）。

A.获取科目发生额　　B.获取科目净额

C.获取科目期末余额　　D.获取科目期初余额

13.QM（<科目编码>，<会计期间>，[<方向>]，[<账套号>]，[<会计年度>]，[<编码1>]，[<编码2>]，[<截止日期>]），其中必须输入的项目是（　　）。

A.会计期间　　B.方向　　C.账套号　　D.会计年度

14.报表格式设置的具体内容一般不包括（　　）。

A.定义单元格属性　　B.定义组合单元　　C.设置关键字　　D.报表文件的保存

15.存放于报表表体中，一次定义后一般不再变化，用于描述其他表元数据的字符型数据是指（　　）。

A.表头表尾　　B.表元　　C.固定表元　　D.变动表元

三、多项选择题

1.报表维护的基本功能有（　　）。

A.报表审核　　B.报表备份　　C.报表删除　　D.报表恢复

2.各类报表软件的主要功能包括（　　）。

A.报表格式设置　　B.报表编制　　C.报表公式设置　　D.绘制图形

3.报表管理系统中的报表公式主要有（　　）。

A.合并报表公式　　B.舍位平衡公式　　C.审核公式　　D.报表单元公式

4.报表管理系统中的关键字主要有（　　）。

A.报表文件名称　　B.单位名称　　C.年份　　D.月份

5.报表结构的基本要素包括（　　）。

A.标题　　B.表头、表尾　　C.表页　　D.表体

6.下列关于报表的说法中，正确的有（　　）。

A.只有在格式状态下才可以定义公式　B.在数据状态下也可以编辑公式
C.关键字要在格式状态下输入　D.关键字要在数据状态下输入

7.报表输出的内容包括（　　）。
A.报表结构　B.编制完整的报表
C.能被其他系统接收的数据　D.报表的制作流程

8.下列关于报表文件的叙述中，正确的有（　　）。
A.每个报表文件只有一张报表
B.每个报表文件可以包含多张报表
C.报表文件是报表系统中存储数据的基本单位
D.报表文件可以是一个三维表

任务三　报表模板应用

一、判断题（正确的打“√”，错误的打“×”）

1.在同一张报表中，只能获得同一会计期间的数据。（　　）

2.行高、列宽的单位为厘米。（　　）

3.在报表编制过程中，系统将对公式的格式进行检查，检查正确说明公式的逻辑关系也正确。（　　）

4.在报表软件中，报表项目是指报表的文字内容，主要包括表头内容、表体项目和关键字。（　　）

5.在报表软件中，自定义一张货币资金表前，需要新建一张空白报表。（　　）

6.资产负债表由系统产生，是不能修改的。（　　）

7.当期报表只有在结账后才能生成。（　　）

8.报表中有些数据需要手工输入。（　　）

9.在报表管理模块中，编制单位、日期一般不作为文字内容输入，而应设置为关键字。（　　）

10.会计报表每月打印一次进行保管。（　　）

11.编制会计报表时，以“收入-费用=利润”这一会计等式作为编制依据的会计报表是利润表。（　　）

12.在利润表中，利润总额减去所得税费用后，得出净利润。（　　）

13.会计报表按编制单位不同，可分为单位会计报表和汇总会计报表。（　　）

14.会计报表软件的工作流程可分为四步，即报表格式及数据处理公式设置、报表名称登记、报表编制、报表输出。（　　）

15.同一报表不同时期的汇总只是进行数据叠加。（　　）

16.一个报表管理系统编制报表的能力主要通过系统提供的取数函数是否丰富来体现。（　　）

17.组成报表的基本要素有表头、表体、表尾。（　　）

18.从报表管理系统自身取数是报表管理系统数据的主要来源。（　　）

二、单项选择题

1.以报送对象为标准，会计报表可以分为（　　）。

A.外部报表和内部报表

B.月报、季报、年报等定期编制的报表和企业为某种特定的需要编制的一次性报表

C.单位会计报表和汇总会计报表

D.简单报表和复合报表

2.会计报表管理系统的处理流程是（　　）。

A.报表格式设置→数据采集→数据输出

B.数据处理公式设置→数据处理→数据存储

C.报表格式及数据处理公式设置→报表名称登记→报表编制→报表输出

D.报表名称登记→报表格式设置→报表输出

3.会计报表中的数据如果出现错误，应（　　）。

A.直接修改　　B.间接修改　　C.随意修改　　D.禁止修改

4.报表管理模块提供了多个行业的标准财务报表模板，但不包括（　　）。

A.资产负债表　　B.利润表　　C.现金流量表　　D.货币资金表

5.（　　）可以将报表数据包含的经济含义以图表的方式直观反映出来，是企业管理、数据分析的重要工具。

A.图形功能　　B.演示功能　　C.表处理功能　　D.图表功能

6.下列功能模块中不需要为总账系统生成记账凭证的是（　　）。

A.应收账款核算系统　　B.存货核算系统

C.应付账款核算系统　　D.报表管理系统

7.报表管理系统生成的对内会计报表是（　　）。

A.资产负债表　　B.管理用会计报表　　C.利润表　　D.财务状况变动表

8.每个报表文件可包含（　　）张报表。

A.255　　B.16　　C.3　　D.若干

9.（　　）能够将报表中选定的数据以图形方式显示出来，从而使用户直观地看到数据的变化情况。

A.视表分析法　　B.图形分析法　　C.形表分析法　　D.视图分析法

10.报表汇总是指（　　）。

A.同一报表不同单位的汇总

B.同一报表不同时期的汇总

C.不同报表不同时期的汇总

D.同一报表不同单位和不同时期的汇总

11.下列各项中，不属于财务报表管理的功能的是（　　）。

A. 导入标准财务数据
B. 制作10种图式的分析图表
C. 联查有关凭证
D. 管理多达99 999张相同格式的报表表页

12. 自定义关键字时，下列描述正确的是（ ）。
A. 只能定义日期型关键字 B. 只能定义数值型关键字
C. 只能定义表样型关键字 D. 只能定义字符型关键字

13. 下列有关报表文件名称登记的叙述中，不正确的是（ ）。
A. 报表名是供用户调用设定的报表结构文件时使用的，它与表的标题并没有直接的关系
B. 报表名可以是中文，也可以是英文或汉语拼音的缩写
C. 保存在同一文件夹下的不同报表，报表名字可以相同
D. 不同的报表，报表名不能相同

三、多项选择题

1. 报表输出的方式有（ ）。
A. 屏幕显示 B. 打印机输出 C. 磁盘输出 D. 网络传输

2. 报表管理系统与其他子系统相比，其特点包括（ ）。
A. 不设置报表数据的直接修改功能 B. 手工输入数据较少
C. 通用性较强 D. 输出信息规范性强

3. 在一个报表文件中，财务报表公式的计算可以实现（ ）。
A. 取本表页数据 B. 取本表其他表页数据
C. 取其他报表数据 D. 取其他模块数据

4. 有关报表汇总功能的叙述正确的有（ ）。
A. 结构相同、数据不同的两张报表生成一张新表
B. 报表汇总功能用于编制合并报表
C. 同一报表不同时期的汇总生成新表
D. 同一单位不同部门，同一张报表的汇总生成新表

5. 报表管理系统的主要功能有（ ）。
A. 自动根据预定要求，进行计算处理 B. 报表格式设置
C. 报表编制 D. 报表编制信息的查询

6. 用友T3财务报表管理系统的基本功能包括（ ）和报表输出功能等。
A. 文件管理功能 B. 格式管理功能
C. 数据处理功能 D. 图表管理功能

7. 报表的日常使用功能包括（ ）。
A. 报表编制 B. 报表汇总 C. 报表查询 D. 报表打印

8. 下列各项中，有关利用报表模板生成报表的说法正确的有（ ）。
A. 用户可以修改系统报表模块中的公式

B.用户不能修改系统报表模块中的公式

C.用户只能调用系统提供的报表模板

D.用户可以生成并调用自行设计的报表模板

9.会计核算软件总账系统向（　　）模块提供财务数据。

A.薪资管理　　B.固定资产管理　　C.报表管理　　D.财务分析

10.报表文件管理功能包括（　　）等。

A.打开已有的报表　　B.进行不同文件格式的报表数据转换

C.保存、删除、备份报表文件　　D.创建新的报表

项目十

购销存管理系统初始化处理

任务一 购销存管理系统基础档案初始化

一、判断题（正确的打“√”，错误的打“×”）

1.在录入科目数据时，若某科目涉及客户（或供应商）往来核算，则系统会自动为该科目开设往来辅助核算账页。（ ）

2.在往来客户或供应商管理中对客户或供应商进行编码时，如果给定了编码原则，那么对客户或供应商的分类编码一定要使用到最末级次。（ ）

3.为了处理销售业务中经常发生的运杂费等费用，应该在交易方式中设置非存货销售方式。（ ）

4.供应商代码在设计时，要具有一定的扩展性。（ ）

5.在维护客户档案时，用户必须录入供应商全称，否则无法保存。（ ）

二、单项选择题

1.（ ）是应收账款子系统对客户管理的基础。

A.客户档案　B.存货档案　C.商品档案　D.职员档案

2.应付账款子系统中最基础的档案是（ ）。

A.供应商档案　B.部门档案　C.职员档案　D.存货档案

三、多项选择题

1.账务处理中的辅助核算主要运用在（ ）上。

A.往来账管理　B.银行对账管理　C.辅助项目管理　D.薪资管理

2.在往来客户或供应商管理中，对客户或供应商进行编码时，如果给定的编码原则为2-3-4，下列说法正确的有（ ）。

A.一级位长是2位　B.编码最长为9位

C.编码分为3级　D.编码最长为4位

任务二 采购管理系统初始化

一、判断题（正确的打“√”，错误的打“×”）

1.为了对应收账款进行账龄分析、评估客户信誉，并按一定比例估计坏账损失，首先需要设置付款条件。（ ）

2.采购期初数据包括：期初暂估入库、期初在途存货、期初受托代销商品。（ ）

3.采购期初记账是将采购期初数据录入有关采购账，期初记账后，期初数据不能增加、修改，除非取消期初记账。 ( )

4.用户可以设置供应商能提供的存货清单，包括外购属性的存货或委外属性的存货，供应商供应存货的方式可能为采购或者委外；一个存货可以由若干个供应商提供，并且可设置每个供应商的配额、提前期、质检等内容。 ( )

5.用户可以设置采购订单、到货单、发票的默认税率，还可以设置修改税额时是否改变税率。 ( )

二、单项选择题

1.在采购管理选项中，订单、到货单、发票单价的录入方式不包括（ ）。

A.手工录入　　B.参考成本

C.取自供应商存货对照表　　D.最新价格

2.下列关于采购选项的描述正确的是（ ）。

A.采购选项可以随意修改

B.采购选项在录入采购业务单据后不可以修改

C.对于工业账套，并不是所有采购选项都能进行设置

D.采购选项在本月结账前不可修改

三、多项选择题

1.应收/应付账款的主要核算方式有（ ）。

A.在总账系统中通过设置明细科目进行核算

B.在总账系统中通过设置往来辅助账进行核算

C.通过专门的应收/应付账款管理系统进行核算

D.通过库存管理系统进行核算

2.进行存货档案定义时，可以对存货属性进行多种组合定义，其中，可以在采购中直接参照的存货属性是（ ）。

A.外购　　B.外购+自制　　C.外购+销售　　D.外购+生产耗用

3.在存货选项中的劳务费用属性的设置，系统在（ ）等单据中可以参照到此类存货。

A.采购发票　　B.销售发票　　C.发货单　　D.采购订单

任务三　销售管理系统初始化

一、判断题（正确的打“√”，错误的打“×”）

1.对于每一种单据类型，用户都可以自定义其编码的生成方案。 ( )

2.客户档案中的定位功能可以对任意列进行定位处理。 ( )

3.部门档案新增信用额度、信用等级、信用天数栏目，主要用于销售管理系统的部门信用管理。（　）

4.客户档案和供应商档案可以设置对应关系，这主要是为了处理既是客户又是供应商的往来单位，并且这种对应关系只能是一对一的关系。（　）

二、单项选择题

1.在应收账款管理系统中，应收账款的核销方式一般不包括（　）。

A.按客户核销　B.按余额核销　C.按单据核销　D.按存货核销

2.销售选项中设置了由销售生成出库单，则销售出库单由（　）生成。

A.销售订单审核　B.销售发货单审核

C.销售发票审核　D.销售报价单审核

3.在基础设置中，对客户分类和客户档案的描述正确的是（　）。

A.客户档案编码必须符合一定的编码规则

B.客户分类、档案编码必须符合一定的编码规则

C.必须先添加客户分类后才能添加客户档案

D.客户档案必须添加地区编码

4.在客户档案中，不能手工修改的项目是（　）。

A.应收余额　B.信用额度　C.发货方式　D.发货仓库

5.若客户档案已经使用，则只有部分项目可以修改，下列各项不能修改的是（　）。

A.客户名称　B.信用额度　C.分管部门　D.客户编码

三、多项选择题

1.应收账款管理需要设置的系统参数包括（　）。

A.客户档案信息　B.企业基本信息　C.业务控制参数　D.业务规则选项

2.为了实现对物流的管理，销售管理系统最好和（　）模块集成使用。

A.采购管理　B.库存管理　C.应收账款管理　D.核算管理

任务四　库存管理系统初始化

一、判断题（正确的打“√”，错误的打“×”）

1.库存管理模块不能单独使用。（　）

2.“库存管理”适用于各种工商业企业类型，如制造业、医药、食品、批发、零售、批零兼营、集团应用及远程仓库等。（　）

3.通过对库存量的管理，企业能够把物料需求计划、采购、销售、仓储作为一个有机整体，进行全面、精确的物流管理。（　）

4.在库存管理模块中，库存的各种量的管理非常重要，如现存量、可用量、预计入库量、预计出库量等。（　　）

二、单项选择题

1.下列说法错误的是（　　）。

A.启用库存管理时，可以在库存管理模块整理现存量

B.不启用库存管理时，可以在存货管理模块整理现存量

C.日常操作时若发现现存量不正确，可以使用现存量整理功能

D.现存量整理功能可随时进行

2.对于库存选项，下列描述错误的是（　　）。

A.在相关业务已开始后，最好不要随意修改业务控制参数

B.在进行库存选项修改前，应确定系统相关功能没有使用

C.在相关业务已开始后，可以随意修改业务控制参数

D.在进行库存选项修改前，如果使用过系统相关功能，系统会出现警告信息

3.下列描述错误的是（　　）。

A.“库存管理”适用于制造业

B.“库存管理”适用于医药业

C.“库存管理”不适用于批零兼营

D.“库存管理”适用于集团应用及远程仓库

4.库存管理模块不能与（　　）模块集成使用。

A.存货核算　　B.总账　　C.销售管理　　D.采购管理

三、多项选择题

1.库存管理模块可以单独使用，也可以与（　　）模块集成使用，以发挥更加强大的应用功能。

A.采购管理　　B.销售管理　　C.生产管理　　D.核算管理

2.库存管理模块是购销存系统的重要组成部分，能够满足（　　）等业务需要。

A.采购入库、产成品入库、其他入库

B.销售出库、材料出库、其他出库

C.加工生产

D.盘点管理

3.库存管理与销售管理之间的数据关系包括（　　）。

A.订单、到货单　　B.可销售量　　C.发货单、发票　　D.预计出库量

4.“库存管理”适用的工商业企业类型包括（　　）。

A.批发、零售　　B.批零兼营　　C.集团应用　　D.远程仓库

任务五　核算管理系统初始化

一、判断题（正确的打“√”，错误的打“×”）

1.“库存管理”期初结存与“核算管理”期初结存分别录入库存和存货的期初数据可相互取数及对账，要求两边的数据必须完全一致。（　）

2.条形码管理可以方便用户的物流、仓储操作，降低错误率，提高工作效率。（　）

3.购销存管理主要适用于工业企业，不适用于商业企业。（　）

二、单项选择题

1.应收账款系统的制单方式是指计算机根据原始单据编制记账凭证的方式，不包括（　）。

A.按客户制单方式　　B.按商品制单方式

C.按单据制单方式　　D.按汇总金额制单方式

2.下列有关“核算管理”与“库存管理”的描述错误的是（　）。

A.“核算管理”为“库存管理”提供出入库成本

B.所有出入库单均由“库存管理”填制

C.“核算管理”只能填写出入库单的单价、金额，其他项目不能修改

D.在“库存管理”中对出入库单记账登记存货明细账、制单生成凭证

三、多项选择题

1.库存管理与核算管理之间的数据关系包括（　）。

A.发货单、到货单　　B.出入库成本

C.出入库单据　　D.预计入库量、预计出库量

2.能够同库存管理模块直接进行数据传递的模块有（　）。

A.采购管理　　B.销售管理　　C.核算管理　　D.总账

项目十一
购销存日常业务处理

任务一 日常采购业务处理

一、判断题（正确的打“√”，错误的打“×”）

1.往来业务核销时，不管采用何种核销方式，都要求本次核销金额之和必须等于核销的收/付款单据金额之和。 （ ）

2.应收账款管理通常具有按一定条件计提坏账准备的功能。 （ ）

3.在应付账款核算中只有设置了账龄区间，才能进行账龄分析。 （ ）

4.应收冲应收是指将一家供应商的应收款转到另一家供应商中。 （ ）

5.采购与应付系统同总账系统、核算管理系统及生产管理系统有着密切的关系。 （ ）

6.采购与应付系统的主要功能是采购核算。 （ ）

7.采购发票与采购付款的对比可以形成与供应商的往来账。 （ ）

8.采购与应付系统辅助数据库文件主要有产品结构文件、供应商资料文件、部门资料文件、存货资料文件等。 （ ）

二、单项选择题

1.应付账款的核销处理就是确定（ ）与原始发票、应付单之间的对应关系的操作。

A.付款单 B.采购发票 C.采购订单 D.收款单

2.应付账款核算的付款单据有（ ）和付款单。

A.材料发票 B.订货单 C.采购发票 D.原始单据

3.下列各项不属于应付账款管理处理的票据的是（ ）。

A.采购发票与应付单 B.应收票据

C.付款单和退款单 D.应付票据

4.采购与应付账款管理的主要功能是（ ）。

A.输出反映采购业务的各种报表 B.采购核算

C.采购管理 D.采购管理与核算

5.与采购与应付账款管理有关系的业务系统为（ ）。

A.总账系统 B.工资系统 C.采购付款系统 D.销售系统

三、多项选择题

1.应付账款核算的付款单据主要有（ ）。

A.采购订单 B.付款单 C.采购发票 D.收款单

2.应付账款核算的日常使用操作主要包括（ ）。

A.应付账款查询打印 B.应付账款核销

C.生成打印应付账款付款提示　　　　D.付款单据的输入

3.采购与应付账款管理包括（　　）几个方面。

A.采购数量的控制　　　　B.采购成本的控制

C.资金流的控制　　　　D.物流的控制

4.采购与应付账款管理输入的主要单据有（　　）。

A.采购订单　　　　B.采购发票

C.付款单和退货单　　　　D.采购入库单

5.采购与应付账款管理必须有的初始设置有（　　）。

A.供应商档案设置　B.存货档案设置　C.结算方式设置　D.付款期间设置

6.对于制造业来说，采购量的大小应该由（　　）来决定。

A.生产计划　B.原材料库存　C.销售计划　D.资金计划

任务二　日常销售业务处理

一、判断题（正确的打“√”，错误的打“×”）

1.利用会计核算软件进行账龄分析，必须先设置分析区间。（　　）

2.在应收账款核算中只有设置了账龄区间，才能进行账龄分析。（　　）

3.在往来业务核销中，可以一张购货发票对应多张付款单据进行核销，也可以一张付款单据对应多张购货发票进行核销。（　　）

4.对于销售时已钱货两清的销售业务也必须输入收款单，否则会出现错误。（　　）

5.销售出库单可以来自销售管理系统。（　　）

6.在销售与应收账款管理系统中，客户编码要与客户单位一一对应，也就是每一客户单位对应唯一的代码。（　　）

7.在发生销售退货时，用户可以直接输入退货单，而无须调出原销售发票。（　　）

二、单项选择题

1.收到销售尾款时应填写相应的（　　），在填写时应注意收款时对应哪一笔业务。

A.销售发票　B.收款单　C.采购合同　D.付款单

2.（　　）是用于处理客户的预收款和该客户应收欠款的转账核销业务。

A.应收冲应收　B.预收冲应收　C.应付冲应付　D.应收冲应付

3.应收账款管理系统完成销售单据处理、客户往来处理、票据处理及坏账处理等业务后，生成相应的记账凭证并传递到（　　）系统。

A.总账　B.报表处理　C.固定资产管理　D.薪资管理

4.在总账系统中，“应收账款”科目通常设置（　　）辅助核算。

A.项目　B.往来　C.部门　D.个人

5.应收账款管理系统可以提供各种分析报表，其中不包括（　　）。

A.账龄分析表　B.往来对账单　C.预警表　D.成本汇总表

6.以下属于应收/应付账款核算日常使用操作的是（　　）。

A.收款/付款条件定义　B.应收/应付账款的核销

C.往来单位编码的定义　D.期初数据录入

7.应收账款核算的收款单据有（　　）和收款单。

A.购物发票　B.销售发票　C.支票　D.汇票

8.产成品销售因为存在产品赊销业务，因此销售管理系统会因此类业务而和（　　）系统存在数据联系。

A.总账　B.成本管理　C.应收账款管理　D.应付账款管理

9.应收账款查询包括（　　）。

A.发票查询　B.收款单查询

C.其他应收单查询　D.以上全对

10.为了方便用户使用和保持数据的一致性，对于销售订单、销售发票、收款单等，系统（　　）。

A.允许互相生成　B.不允许互相生成

C.允许单向生成　D.不允许单向生成

三、多项选择题

1.下列往来核销中，允许采用的核销方式有（　　）。

A.一张发票对应一张收款单核销　B.一张发票对应多张收款单核销

C.多张发票对应一张收款单核销　D.多张发票对应多张收款单核销

2.应收款来源于（　　）。

A.销售发票　B.其他应收款　C.收款单　D.采购入库单

3.账龄分析主要用于对（　　）进行分析。

A.未核销的往来账余额　B.已核销的往来账余额

C.未核销的往来账账龄　D.已核销的往来账账龄

4.应收账款核算初始设置的内容包括（　　）。

A.供应商编码和名称定义　B.客户编码和名称定义

C.付款条件定义　D.期初数据录入

5.应收账款管理系统的功能包括（　　）。

A.供应商管理　B.账龄分析

C.反映应收账款增减变动情况　D.对各项应收账款进行日常核算

6.应收账款的核销分为（　　）。

A.自动核销　B.手工核销　C.查询核销　D.对照核销

7.应收账款的核销就是确定收款单与（　　）之间对应关系的操作。

A.采购发票　B.付款单　C.原始发票　D.应收单

8.应收账款管理系统的日常使用操作主要包括（　　）。

A.收款单据的输入　　B.应收账款核销
C.生成打印应收账款催款单　　D.应收账款查询打印

9.进行销售与应收账款管理系统的数据输入设计，应注意（　　）。
A.用户界面尽量与手工单据格式一致
B.相互关联的凭证可以由系统自动互相生成
C.凡是在初始设置中进行设置的项目均应采用参照输入的方法
D.通过输入的原始数据，计算机自动计算填入对应项目

任务三　日常库存业务处理

一、判断题（正确的打“√”，错误的打“×”）

1.采购入库单可以来自采购管理系统。（　　）
2.采购入库单可以由采购发票或采购订单生成。（　　）
3.采购入库单、销售出库单只能在库存管理系统中输入。（　　）
4.会计信息系统软件的购销存部分一般以库存管理为核心。（　　）

二、单项选择题

1.与应付账款管理系统没有数据关联的是（　　）。
A.采购管理系统　　B.总账系统
C.库存管理系统　　D.应收账款管理系统

2.关于销售管理系统与应收账款管理系统中使用的库存产品代码，下列说法正确的是（　　）。
A.不允许在销售管理系统中进行设置
B.两组代码互不相关
C.两组代码必须与库存管理系统中的代码保持一致
D.两组代码是不相同的概念

3.下列各项中，与应收/应付账款核算不直接相关的单据是（　　）。
A.销售发票　　B.采购发票　　C.收款单　　D.产品出库单

三、多项选择题

1.下列关于调拨业务的描述正确的是（　　）。
A.调拨单是指用于仓库之间存货的转库业务或部门之间存货的调拨业务的单据
B.同一张调拨单上的转入仓库与转出仓库；转入部门与转出部门可以不同
C.调拨单可以手工制作
D.调拨单可以参照生产订单生成，同材料出库单一样回写订单相关信息

2.其他出库单是指除销售出库、材料出库之外的其他出库业务，如（　　）等业务

形成的出库单。其他出库单一般由系统根据其他业务单据自动生成，也可手工填制。

A.调拨出库　　B.盘亏出库

C.组装拆卸出库、形态转换出库　　D.不合格品记录

3.下列关于材料出库业务及材料出库单的描述正确的有（　　）。

A.材料出库业务是工业企业特有的业务

B.部分商业企业也可以有材料出库业务

C.材料出库单是领用原材料时填制的出库单据，当领用材料用于生产时，需要填此单据

D.以上说法都正确

4.下列关于销售出库单的操作描述正确的有（　　）。

A.如果销售管理系统未启用可直接填制销售出库单功能，则不可手工填制

B.与销售管理系统集成使用时，只能使用“生单”功能进行参照生单

C.销售出库单的批次、生产日期、失效日期等，在库存管理系统中不可修改

D.表体中的“单价”指的是产品的销售价格

任务四　日常存货核算业务处理

一、判断题（正确的打“√”，错误的打“×”）

1.在填制应收/应付记账凭证时，除了录入应收或应付账款科目外，系统还强制性地要求选择往来客户名称或供应商名称。（　　）

2.采用个别计价法、先进先出法及全月加权平均法时，产品销售成本可以随时结转。（　　）

3.在核算管理系统中，出入库调整单是对存货的出入库成本进行调整的单据，它既调整存货的金额，又调整存货的数量。（　　）

4.在核算管理系统中，出入库业务分类的目的是不同类型的出入库业务要做不同的会计处理。（　　）

5.采购与应付账款管理系统的一个基本代码是存货代码，该代码一般在核算管理系统中设置。（　　）

二、单项选择题

1.下列说法错误的是（　　）。

A.用户如需要对往来科目进行往来对账、往来业务核销及账龄分析，则必须在科目属性“往来业务核算”处打“√”

B.凡是存货类的会计科目都要设置数量金额辅助核算

C.用户如果需要对外币科目进行期末调汇，则必须在科目属性“期末调汇”处打“√”

D.会计科目属性只有定义为库存现金或银行存款科目，才可以从总账系统中被引到出纳管理系统中

2.核算管理系统与（　　）无关系。

A.总账系统　　B.销售与应收系统

C.采购与应付系统　　D.薪资管理系统

3.核算管理系统的主要输出不包括（　　）。

A.存货出入库流水账　　B.各种发票

C.存货资金占用分析表　　D.存货周转率分析表

4.在核算管理系统中，不能根据（　　）生成会计凭证。

A.销售出库单　　B.存货调拨单　　C.采购入库单　　D.材料出库单

5.核算管理系统从（　　）角度对存货进行管理。

A.资金流与物流　　B.物流　　C.资金流　　D.信息流

三、多项选择题

1.有关产成品入库流程，下列描述正确的有（　　）。

A.产成品入库单可以手工直接录入

B.产成品入库单可以参照物料需求计划生成的生产订单生成

C.产成品入库单审核后传递到核算管理系统中进行记账和生成凭证等操作

D.产成品入库单审核后在库存管理系统即可进行产成品成本分配

2.企业核算模式为商业企业核算类型的单据包括（　　）。

A.采购入库单、销售出库单　　B.产成品入库单

C.其他出入库单　　D.材料出库单

3.销售出库单是销售出库业务的主要凭据，下列关于销售出库单的描述正确的有（　　）。

A.在库存管理系统中用于存货出库数量的核算

B.在核算管理系统中用于存货出库成本的核算（与销售成本的核算选择方式无关）

C.在核算管理系统中用于存货出库成本的核算（如果销售成本的核算方式选择依据销售出库单）

D.对于工业企业而言，销售出库单一般是指产成品销售出库时所填制的出库单据

项目十二

购销存期末业务处理

一、判断题（正确的打“√”，错误的打“×”）

1.应收账款管理系统不会自动将上年未处理完的单据转为下一年的期初余额，需要手动完成。（ ）

2.在销售管理模块月末结账的前提下，可执行应收账款管理模块的月末结账功能。（ ）

3.应收/应付账款管理系统的主要功能是实现对往来账款的核算与管理。（ ）

4.采购与应付账款管理系统的报表输出，主要输出采购情况、结算情况、票到货未到情况、采购费用发生情况及账龄分析情况等统计分析表。（ ）

5.供应链管理是“纵向一体化”管理思想的典型代表。（ ）

二、单项选择题

1.应付账款管理的目标不包括（ ）。

A.减轻总账系统的负荷，集中核算应付账款

B.及时提供债务总额和现金需要量，为采购管理提供决策支持

C.及时核算企业应付账款与预付账款，反映和监督采购资金支出和应付情况

D.正确选择结算方式与结算时间，跟踪应付账款的到期期限，争取合理折扣

2.采购入库单可以由（ ）生成。

A.采购订单　B.采购退货单　C.采购付款单　D.采购合同

3.（ ）是单位进行应收账款风险控制和管理的主要方法与手段。

A.账龄分析　B.核销　C.对账　D.应收账款催款单

4.应付账款管理系统的日常处理业务不包括（ ）。

A.单据处理　B.转账处理　C.初始设置　D.凭证处理

5.与其他设计模式相比，独立设计的应收/应付账款管理系统的最大特点是（ ）。

A.侧重于往来业务的总括核算

B.模式设计简单易行

C.侧重于往来业务的明细核算

D.主要用来满足中小企业的应收/应付账款核算

三、多项选择题

1.会计核算软件总账系统接收（ ）等模块生成的凭证。

A.财务分析　B.核算管理　C.薪资管理　D.固定资产管理

2.下列各项属于应收账款管理目标的有（ ）。

A.反映和监督应收账款的回收情况　B.反映客户的欠款情况和信誉程度

C.及时核算应收账款业务　D.反映付款情况

3.电算化应收/应付账款的核算及管理设计模式包括（ ）。

A.在账务处理系统中进行应收/应付账款核算的模式

B.独立的应收/应付账款核算模式

C.应收/应付账款核算与其他会计核算系统相结合的模式

D.在报表处理系统中进行应收/应付账款核算的模式

4.供应链的特征有（　　）。

A.简洁性和静态性　　B.面向用户的需求

C.交叉性　　D.复杂性和动态性

5.下列各项中，与应收/应付账款核算不直接相关的单据有（　　）。

A.入库单　　B.采购发票　　C.销售发票　　D.出库单

6.下列关于库存管理系统月末结账功能的描述正确的有（　　）。

A.月末结账后不能再做已结账月份的业务，只能做未结账月份的日常业务

B.如果和采购、销售管理系统集成使用，只有在采购管理系统结账后、销售管理系统结账前，库存管理系统才能进行结账

C.如果和采购、销售管理系统集成使用，只有在采购管理系统和销售管理系统结账后，库存管理系统才能进行结账

D.如果和存货管理系统集成使用，只有存货管理系统当月未结账或取消结账后，库存管理系统才能取消结账

7.库存管理系统在月底需要进行月末结账工作，下列关于月末结账的操作正确的有（　　）。

A.将每月的出入库单据逐月封存，并将当月的出入库数据录入有关账表中

B.结账前应检查本月工作是否已全部完成，只有在全部完成的前提下，才能进行月末结账，否则会遗漏业务

C.不允许跳月结账，只能从未结账的第一个月逐月结账

D.上月未结账，本月单据可以正常操作，不影响日常业务的处理，但本月不能结账

8.下列关于库存账查询功能的描述正确的有（　　）。

A.现存量查询可按仓库、存货、批号、货位、条形码等关键字进行组合查询

B.出入库流水账可查询任意时间段或任意情况下的存货出入库情况

C.库存台账主要用于查询各仓库、各存货、各月份的收发存明细情况

D.入库跟踪表只显示入库跟踪出库属性存货的出入库单记录

第二部分

分项实训

实训一　系统管理

一、实训目的

通过实训，掌握系统管理登录、操作员设置及权限管理、账套管理、系统启用等具体操作方法。

二、实训内容

1. 系统管理登录
2. 操作员管理
3. 新建账套
4. 操作员权限设置
5. 系统启用

三、实训准备

成功安装用友T3畅捷通，并将系统日期调整为“2020年1月1日”。

四、实训资料

以系统管理员“admin”的身份登录“系统管理”。

（一）操作员资料

操作员资料见表2-1。

表2-1　操作员资料一览表

操作员编号	操作员姓名	所属部门	权限
001	张颖	财务部	全部权限
002	王海	财务部	公用目录设置、总账管理、往来管理、财务报表管理、核算管理、应付管理、应收管理
003	李雷	财务部	公用目录设置、薪资管理、固定资产管理
004	徐蕾	财务部	公用目录设置、总账的出纳签字、现金管理
005	张炜	采购部	公用目录设置、采购管理、应付管理
006	韩梅	销售部	公用目录设置、销售管理、应收管理
007	李海燕	库管部	公用目录设置、库存管理

（二）账套资料

（1）账套信息。

账套号：班号+两位数学号。

账套名称：重庆长江有限责任公司。
账套路径：默认。
启用会计期：2020年1月。
（2）单位信息。
单位名称：重庆长江有限责任公司。
单位简称：长江公司。
单位地址：重庆市红石路255号。
法人代表：石中一。
邮政编码：400023。
联系电话及传真：67607095。
纳税人识别号：91500458721454769M。
（3）核算类型。
本币代码：RMB。
本币名称：人民币。
企业类型：商业。
行业性质：2007年会计准则。
账套主管：张颖。
按行业性质预置会计科目。
（4）基础信息。
存货、客户、供应商分类核算。
有外币核算业务。
（5）分类编码方案。
科目编码级次：4-2-2-2-2。
客户分类编码级次：2-2-3。
部门编码级次：2-2。
供应商分类编码级次：2-2-3。
（6）数据精度。
数据精度定义均采用默认值。

（三）系统启用

2020年1月1日，系统管理员启用总账管理、固定资产管理、核算管理、薪资管理、购销存管理等系统。

实训二 基础档案设置

一、实训目的

通过实训，掌握基础档案设置的方法及作用，理解基础档案设置对会计信息化业务处理的影响。

二、实训内容

1. 部门档案设置
2. 职员档案设置
3. 客户分类设置
4. 客户档案设置
5. 供应商分类设置
6. 供应商档案设置
7. 存货分类设置
8. 存货档案设置
9. 增加外币设置
10. 会计科目设置
11. 项目核算设置
12. 凭证类别设置
13. 结算方式设置
14. 开户银行设置

三、实训准备

已经完成实训一的操作，引入实训一中的备份账套数据。

四、实训资料

以账套主管“张颖”的身份登录系统，设置基础档案。

（一）部门档案设置

部门档案信息见表2-2。

表2-2　部门档案信息

部门编码	部门名称
01	办公室
02	财务部
03	采购部
04	销售部
0401	销售一部
0402	销售二部
05	库管部

（二）职员档案设置

职员档案信息见表2-3。

表2-3　　职员档案信息

职员编码	职员姓名	所属部门	职员属性
01001	张生	办公室	总经理
01002	王丽荣	办公室	副总经理
01003	李欧文	办公室	行政人员
02001	张颖	财务部	财务经理
02002	王海	财务部	会计
02003	李雷	财务部	会计
02004	徐蕾	财务部	出纳
03001	王烈影	采购部	部门经理
03002	江河	采购部	普通人员
03003	张炜	采购部	普通人员
04001	刘光启	销售一部	部门经理
04002	苏鹏	销售一部	普通人员
04003	康河才	销售一部	普通人员
04004	邓和庆	销售二部	行政人员
04005	孙奇	销售二部	普通人员
04006	方民之	销售二部	行政人员
04007	邹祥亨	销售二部	普通人员
04008	韩梅	销售二部	普通人员
05001	洪东伟	库管部	部门经理
05002	李海燕	库管部	普通人员

（三）客户分类设置

客户分类信息见表2-4。

表2-4　　客户分类信息

客户分类编码	客户分类名称
01	本地
02	外地
0201	北京
0202	南京
0203	西安
0204	广州

（四）客户档案设置

客户档案信息见表2-5。

表2-5　　客户档案信息

客户编码	客户名称	客户简称	所属分类	开户银行	账号	纳税人识别号	业务员	部门	发展日期
01001	俊雄股份有限公司	俊雄公司	本地	中国工商银行	5001021400048795494	91500102879542547R	苏鹏	销售一部	2020-01-01
01002	晨希股份有限公司	晨希公司	本地	中国工商银行	5001021400078478678	91500102845748762E	刘光启	销售一部	2020-01-01
02001	嘉颖股份有限公司	嘉颖公司	北京	中国工商银行	1457804488754785494	91145780684549873X	康河才	销售一部	2020-01-01
02002	依凝股份有限公司	依凝公司	南京	中国工商银行	3201945768754214876	91320194688946351U	邓和庆	销售二部	2020-01-01
02003	鹏云股份有限公司	鹏云公司	南京	中国工商银行	3215478456548742136	91321547215487654P	孙奇	销售二部	2020-01-01
02004	芳洲股份有限公司	芳洲公司	西安	中国工商银行	4587654156987541574	91458765588765454W	方民之	销售二部	2020-01-01
02005	景铄股份有限公司	景铄公司	广州	中国工商银行	6548760443215487147	91654876696987546S	邹祥亨	销售二部	2020-01-01

（五）供应商分类设置

供应商分类信息见表2-6。

表2-6　　供应商分类信息

类别编码	类别名称
01	本地
02	外地

（六）供应商档案设置

供应商档案信息见表2-7。

表2-7　　供应商档案信息

供应商编码	供应商名称	供应商简称	所属分类	开户银行	账号	纳税人识别号	业务员	部门	发展日期
01001	嘉致股份有限公司	嘉致公司	本地	中国工商银行	5001020014987547844	91500102358754542A	王烈影	采购部	2020-01-01
01002	春蕾股份有限公司	春蕾公司	本地	中国工商银行	5001020014698788479	91500102636984561K	江河	采购部	2020-01-01
02001	驰鸿股份有限公司	驰鸿公司	外地	中国工商银行	6487540040566554687	91648754858998765F	江河	采购部	2020-01-01
02002	意致股份有限公司	意致公司	外地	中国工商银行	3354004578546875478	91335400566548785N	张炜	采购部	2020-01-01
02003	春竹股份有限公司	春竹公司	外地	中国工商银行	4014500504589726548	91401450587456215B	张炜	采购部	2020-01-01

（七）存货分类设置

存货分类信息见表2-8。

表2-8　　存货分类信息

存货分类编码	存货分类名称
01	手机
02	笔记本电脑
03	配件
04	应税劳务

（八）存货档案设置

存货档案信息见表2-9。

表2-9　　存货档案信息

存货编码	存货代码	存货名称	存货大类	单位	供货单位	税率（%）	存货属性	启用日期
01001	A1	小米手机	01	台	嘉致公司	13	外购、销售	2020-01-01
01002	A2	华为手机	01	台	嘉致公司	13	外购、销售	2020-01-01
01003	A3	魅族手机	01	台	嘉致公司	13	外购、销售	2020-01-01
02001	B1	惠普笔记本电脑	02	台	春蕾公司	13	外购、销售	2020-01-01
02002	B2	联想笔记本电脑	02	台	春蕾公司	13	外购、销售	2020-01-01
02003	B3	华硕笔记本电脑	02	台	驰鸿公司	13	外购、销售	2020-01-01
03001	C1	漫步者音箱	03	套	意致公司	13	外购、销售	2020-01-01
03002	C2	罗技鼠键	03	套	春竹公司	13	外购、销售	2020-01-01
03003	C3	雷蛇耳麦	03	套	春竹公司	13	外购、销售	2020-01-01
04001	YF	运费	04	元		9	劳务费用	2020-01-01

（九）增加外币设置

美元USD。

1月固定汇率：6.2147。

（十）会计科目设置

（1）修改会计科目。

修改会计科目信息见表2-10。

表2-10　　修改会计科目信息

科目编码	科目名称	辅助核算	受控系统
1121	应收票据	客户往来	应收系统
1122	应收账款	客户往来	应收系统
1221	其他应收款	个人往来	
1123	预付账款	供应商往来	应付系统
1405	库存商品	项目核算，数量核算（台）	
2201	应付票据	供应商往来	应付系统
2202	应付账款	供应商往来	应付系统
2203	预收账款	客户往来	应收系统
6001	主营业务收入	项目核算，数量核算（台）	
6401	主营业务成本	项目核算，数量核算（台）	
6403	税金及附加		

（2）增加会计科目。

增加会计科目信息见表2-11。

表2-11　增加会计科目信息

科目编码	科目名称	科目类型	核算账类
100201	工行人民币	资产	日记账、银行账
100202	建行美元	资产	日记账、银行账、外币核算、美元
222101	应交增值税	负债	
22210101	进项税额	负债	
22210102	已交税金	负债	
22210103	销项税额	负债	
222102	应交企业所得税	负债	
222103	应交个人所得税	负债	
222104	应交城市维护建设税	负债	
222105	应交教育费附加	负债	
222106	应交地方教育附加	负债	
221101	应付工资	负债	
221102	应付福利费	负债	
221103	应付职工教育费	负债	
221104	应付工会经费	负债	
221105	应付养老保险	负债	
410401	未分配利润	所有者权益	
660101	运杂费	损益	
660102	广告费	损益	
660103	工资薪酬	损益	
660104	折旧费	损益	
660199	其他费用	损益	
660201	办公费	损益	
660202	差旅费	损益	部门核算
660203	折旧费	损益	部门核算
660204	工资薪酬	损益	
660205	业务招待费	损益	
660299	其他费用	损益	
660301	手续费	损益	
660302	利息收入	损益	
660303	汇兑损益	损益	
660304	利息支出	损益	

（3）指定会计科目。

在“编辑”菜单中选择“指定科目”项，将“1001库存现金”指定为“现金总账科目”，将“1002银行存款”指定为“银行总账科目”。

（十一）项目核算设置

使用存货目录新建项目大类。

核算科目：库存商品、主营业务收入、主营业务成本。

（十二）凭证类别设置

凭证类别信息见表2-12。

表2-12 凭证类别信息

类别字	类别名称	限制类型	限制科目
收	收款凭证	借方必有	1001，1002
付	付款凭证	贷方必有	1001，1002
转	转账凭证	凭证必无	1001，1002

（十三）结算方式设置

结算方式信息见表2-13。

表2-13 结算方式信息

结算方式编码	结算方式名称	票据管理标志
1	现金	否
2	支票	是
201	现金支票	是
202	转账支票	是
3	电汇	否
9	其他	否

（十四）开户银行设置

开户银行信息见表2-14。

表2-14 开户银行信息

编码	开户银行名称	账号	暂封标志
001	中国工商银行	5001023254578545145	否
002	中国建设银行	5001023259875445124	否

实训三　总账系统初始设置

一、实训目的

通过实训，掌握总账管理系统初始设置的方法，理解总账管理系统初始设置的意义与作用。

二、实训内容

1. 总账参数设置
2. 总账期初余额录入
3. 辅助账期初余额录入
4. 数量金额账期初余额录入

三、实训准备

已经完成实训二的操作，引入实训二中的备份账套数据。

四、实训资料

以账套主管“张颖”的身份登录系统，完成总账系统初始化。

（一）总账参数设置

（1）可以使用其他系统受控科目。
（2）出纳凭证必须经由出纳签字。
（3）支票控制。
（4）数量、单价小数位保留2位。
（5）部门、个人、项目排序方式均按编码排序。

（二）总账期初余额录入

总账期初余额见表2-15。

表2-15　总账期初余额一览表　单位：人民币元；美元

科目编码	科目名称	余额方向	期初余额
1001	库存现金	借	8 000
1002	银行存款	借	1 424 510
100201	工行人民币	借	800 000
100202	建行美元	借	原币100 000/本位币624 510
1121	应收票据	借	234 000

续表

科目编码	科目名称	余额方向	期初余额
1122	应收账款	借	175 500
1221	其他应收款	借	8 000
1123	预付账款	借	80 000
1405	库存商品	借	1 676 000
1601	固定资产	借	850 000
1602	累计折旧	贷	14 200
2001	短期借款	贷	1 000 000
2202	应付账款	贷	351 000
2203	预收账款	贷	100 000
2221	应交税费	贷	8 400
222101	应交增值税	贷	5 000
22210101	进项税额	贷	-15 000
22210102	已交税金	贷	-28 000
22210103	销项税额	贷	48 000
222102	应交企业所得税	贷	2 800
222103	应交个人所得税	贷	
222104	应交城市维护建设税	贷	350
222105	应交教育费附加	贷	150
222106	应交地方教育附加	贷	100
2211	应付职工薪酬	贷	55 000
221101	应付工资	贷	55 000
4001	实收资本	贷	2 500 000
4104	利润分配	贷	427 410
410401	未分配利润	贷	427 410

（三）辅助账期初余额录入

（1）应收票据。

应收票据期初余额见表2-16。

表 2-16 应收票据期初余额

日期	票号	客户	摘要	金额（元）	到期日期
2019-12-25	2158	晨希公司	销货款	234 000	2020-01-26

（2）应收账款。

应收账款期初余额见表 2-17。

表 2-17 应收账款期初余额

日期	客户	摘要	余额方向	金额（元）
2019-12-17	俊雄公司	销货款	借	117 000
2019-12-15	依凝公司	销货款	借	58 500

（3）其他应收款。

其他应收款期初余额见表 2-18。

表 2-18 其他应收款期初余额

日期	部门	个人	摘要	余额方向	金额（元）
2019-12-24	办公室	王丽荣	出差借款	借	8 000

（4）预付账款。

预付账款期初余额见表 2-19。

表 2-19 预付账款期初余额

日期	供应商	摘要	余额方向	金额（元）
2019-12-18	驰鸿公司	预付款	借	80 000

（5）应付账款。

应付账款期初余额见表 2-20。

表 2-20 应付账款期初余额

日期	供应商	摘要	余额方向	金额（元）
2019-12-26	春竹公司	购货款	贷	351 000

（6）预收账款。

预收账款期初余额见表 2-21。

表 2-21 预收账款期初余额

日期	客户	摘要	余额方向	金额（元）
2019-12-23	鹏云公司	预收款	贷	100 000

（四）数量金额账期初余额录入

数量金额账期初余额见表 2-22。

表 2-22 数量金额账期初余额

存货编码	存货名称	计量单位	数量	单价（元）	金额（元）	入库时间
01001	小米手机	台	50	1 500	75 000	2019-12-31
01002	华为手机	台	40	4 200	168 000	2019-12-31
01003	魅族手机	台	80	800	64 000	2019-12-31
02001	惠普笔记本电脑	台	130	4 500	585 000	2019-12-31
02002	联想笔记本电脑	台	100	3 200	320 000	2019-12-31
02003	华硕笔记本电脑	台	180	2 000	360 000	2019-12-31
03001	漫步者音箱	套	300	80	24 000	2019-12-31
03002	罗技鼠键	套	200	180	36 000	2019-12-31
03003	雷蛇耳麦	套	200	220	44 000	2019-12-31
合计			1 280		1 676 000	

实训四 总账系统业务处理

一、实训目的

通过实训，掌握记账凭证的填制、审核、检查、查询、删除、修改、过账处理；掌握总分类账、明细分类账、多栏账、数量金额总账、数量金额明细账等账簿的查询；掌握自动转账、期末调汇、结转损益、期末对账和结账的具体操作方法。

二、实训内容

1. 填制凭证
2. 出纳签字
3. 审核凭证
4. 凭证记账
5. 凭证管理
6. 处理账簿查询
7. 处理期末业务

三、实训准备

（1）已经完成实训三的操作，并且已经恢复实训三的账套数据，将系统日期调整为“2020年1月31日”。

（2）处理期末业务要完成后面全部实训项目再操作。

四、实训资料

由王海制单、张颖审核、徐蕾进行出纳签字，由王海查询各类账簿并记账、对账和结账。

（一）日常业务处理资料

（1）3日，交上月应交增值税5 000元、应交企业所得税2 800元、应交城市维护建设税350元、应交教育费附加150元、应交地方教育附加100元。结算方式：其他。附单据3张。

借：应交税费——应交增值税（已交税金）	5 000	
——应交企业所得税	2 800	
——应交城市维护建设税	350	
——应交教育费附加	150	
——应交地方教育附加	100	
贷：银行存款——工行人民币		8 400

（2）5日，王丽荣出差归来，报销差旅费9 800元，原预借8 000元，差额以现金付给，附单据2张。

借：管理费用——差旅费	9 800	
贷：其他应收款（王丽荣）		8 000
库存现金		1 800

（3）7日，依凝公司汇来前欠货款58 500元，票号为548745，附单据1张。

借：银行存款——工行人民币	58 500	
贷：应收账款（依凝公司）		58 500

（4）8日，鹏云公司订购联想笔记本电脑20台，协议价格为3 800元/台，订购漫步者音箱80套，协议价格为120元/套，并开出增值税专用发票，价款85 600元，税款11 128元，价税合计96 728元，附件1张。

借：预收账款（鹏云公司）	96 728	
贷：主营业务收入		85 600
应交税费——应交增值税（销项税额）		11 128

（5）9日，电汇给春竹公司351 000元，支付前欠货款，票号为4548745，附单据1张。

借：应付账款（春竹公司）	351 000	
贷：银行存款——工行人民币		351 000

（6）11日，向驰鸿公司订购华硕笔记本电脑20台，单价2 000元，验收入库，并收到驰鸿公司开来的增值税专用发票，货款40 000元，税款5 200元，共计45 200元，款未付，附单据2张。

借：库存商品	40 000	
应交税费——应交增值税（进项税额）	5 200	
贷：预付账款（驰鸿公司）		45 200

（7）14日，晨希公司订购小米手机30台，单价1 800元；华为手机30台，单价5 000元；魅族手机40台，单价1 200元。仓库已发出，并开出增值税专用发票，货款252 000元，税款32 760元，共计284 760元，款未收，附单据2张。

借：应收账款（晨希公司）　　284 760

　　贷：主营业务收入　　252 000

　　　　应交税费——应交增值税（销项税额）　　32 760

（8）19日，以现金支付汽油费1 200元，附单据1张。

借：管理费用——其他费用　　1 200

　　贷：库存现金　　1 200

（9）20日，收到俊雄公司转账支票，票号为5787944，系上月货款117 000元，附单据1张。

借：银行存款——工行人民币　　117 000

　　贷：应收账款（俊雄公司）　　117 000

（10）22日，出纳开出现金支票，票号为784854792，提现5 000元备用，附单据1张。

借：库存现金　　5 000

　　贷：银行存款——工行人民币　　5 000

（11）25日，张生出差去美国，预借10 000美元，开出现金支票，票号为5487945，附单据1张。

借：其他应收款——张生　　62 147

　　贷：银行存款——建行美元　　62 147（原币10 000）

（12）26日，收到鹏云公司汇来预付货款10 000元，票号为45484477，附单据1张。

借：银行存款——工行人民币　　10 000

　　贷：预收账款（鹏云公司）　　10 000

（13）26日，晨希公司2019年12月25日签发的应收票据到期，款项收存银行。结算方式：其他。附单据1张。

借：银行存款——工行人民币　　234 000

　　贷：应收票据（晨希公司）　　234 000

（14）28日，销售一部刘光启报销业务招待费650元，以现金支付，附单据1张。

借：销售费用——其他费用　　650

　　贷：库存现金　　650

（二）期末转账定义资料

由王海操作期末转账定义。

（1）自定义结转：

A.每月按6%的年利率计提借款利息，转账凭证。

借：财务费用——利息支出（取对方科目计算结果）

　　贷：应付利息（短期借款期末余额 × 6% ÷ 12）

B.计提本月城市维护建设税、教育费附加、地方教育附加，转账凭证。

借：税金及附加（取对方全部科目计算结果）

贷：应交税费——应交城市维护建设税（应交增值税期末余额 × 7%）
　　　　　　——应交教育费附加（应交增值税期末余额 × 3%）
　　　　　　——应交地方教育附加（应交增值税期末余额 × 2%）

（2）销售成本结转：转账凭证，库存商品1405，主营业务收入6001，主营业务成本6401。

（3）汇兑损益结转：100202科目汇兑损益转入财务费用/汇兑损益。

（4）期间损益结转：凭证类别为转账凭证，本年利润科目4103。

（三）期末处理

（1）31日，计提本月短期借款利息5 000元。（转账自动生成）

（2）31日，计提本月城市维护建设税、教育费附加、地方教育附加，金额分别为2 708.16元、1 160.64元、773.76元。（转账自动生成）

（3）31日，自动结转销售成本273 400元。（转账自动生成）

（4）31日，调整期末汇兑损益，31日美元汇率为6.4875，金额为21 512元。（转账自动生成，财务费用要借方红字）

（5）31日，发现28日报销招待费凭证金额应为560元，系录入错误，编制冲销凭证。

（6）31日，结转收入损益。（待后面所有实训项目完成后再操作）

（7）31日，结转费用损益。（待后面所有实训项目完成后再操作）

（8）31日，对账。（待后面所有实训项目完成后再操作）

（9）31日，结账。（待后面所有实训项目完成后再操作）

实训五　现金银行管理

一、实训目的

通过实训，掌握现金银行系统初始数据设置、银行对账、日记账查询等任务的具体操作方法。

二、实训内容

1. 现金银行系统初始数据设置
2. 库存现金日记账、银行存款日记账查询
3. 处理银行对账

三、实训准备

已经完成实训四的操作，并将系统日期调整为“2020年1月31日”。

四、实训资料

由出纳徐蕾完成以下任务：查看库存现金日记账，查看银行存款日记账（两个明细

账户），查看支票登记簿（两个明细账户），进行银行对账（100201、100202分别对账），查看银行存款余额调节表（100201、100202分别查看），查看对账情况（100201、100202分别查看），核销银行账（100201、100202分别核销）。

（一）期初余额资料

100201：银行对账单和单位日记账均为800 000元。

100202：银行对账单和单位日记账均为100 000元。

（二）银行对账单

工行人民币对账单见表2-23，建行美元对账单见表2-24。

表2-23 工行人民币对账单 单位：人民币元

日期	摘要	结算方式	票号	借方	贷方	余额
2020-01-01	上月结存					800 000.00
2020-01-03	缴纳税款	其他			8 400.00	791 600.00
2020-01-07	收货款	电汇	5 48745	58 500.00		850 100.00
2020-01-09	付货款	电汇	45 48745		351 000.00	499 100.00
2020-01-20	收货款	转账支票	57 87944	117 000.00		616 100.00
2020-01-22	备用金	现金支票	7 848 54792		5 000.00	611 100.00
2020-01-26	收票据款	其他		234 000.00		845 100.00
2020-01-26	收预付款	电汇	45 484 477	10 000.00		855 100.00
2020-01-30	扣电费	其他			1 050.00	854 050.00

表2-24 建行美元对账单 单位：美元

日期	摘要	结算方式	票号	借方	贷方	原币余额
2020-01-01	上月结存					100 000.00
2020-01-25	预借款	现金支票	5487945		10 000.00	90 000.00

实训六 往来管理

一、实训目的

通过实训，掌握客户及供应商往来两清、客户往来催款单查询、供应商往来对账单查询、客户和供应商往来账龄分析等任务的具体操作方法。

二、实训内容

1. 客户往来两清
2. 供应商往来两清

3. 往来查询
4. 往来账龄分析

三、实训准备

已经完成实训五的操作，并且已经恢复实训五的账套数据，将系统日期调整为“2020年1月31日”。

四、实训资料

由王海完成：
1. 客户往来两清所有科目及所有公司
2. 客户往来账龄分析
3. 供应商往来两清所有科目及所有公司
4. 供应商往来账龄分析
5. 查看客户、供应商科目余额及明细账

实训七　职工薪资管理

一、实训目的

通过实训，掌握职工薪资管理系统的初始化设置、日常业务处理及期末业务处理等任务的具体操作方法。

二、实训内容

1. 建立工资账套，设置工资类别
2. 设置工资项目，设置公式
3. 设置工资变动，计算个人所得税
4. 设置月末工资分摊

三、实训准备

已经完成实训六的操作，并且已经恢复实训六的账套数据，将系统日期调整为“2020年1月1日”。

四、实训资料

张颖授予李雷工资类别主管权限，以“李雷”的身份登录操作。

(一) 建立工资账套，设置参数

工资类别个数：单个。
核算币种：人民币。

是否扣税：是。

是否扣零：否。

人员编码长度：5位。

启用日期：2020-01-01。

（二）人员类别设置

管理人员、行政人员、普通人员。

（三）银行信息设置

开户行：中国工商银行。

账号定长：19位。

（四）人员档案设置

人员档案信息见表2-25。

表2-25 人员档案信息

部门名称	人员编码	人员姓名	人员类别	银行账号
办公室	01001	张生	管理人员	6222025878982501001
办公室	01002	王丽荣	管理人员	6222025878982501002
办公室	01003	李欧文	行政人员	6222025878982501003
财务部	02001	张颖	管理人员	6222025878982502001
财务部	02002	王海	行政人员	6222025878982502002
财务部	02003	李雷	行政人员	6222025878982502003
财务部	02004	徐蕾	行政人员	6222025878982502004
采购部	03001	王烈影	管理人员	6222025878982503001
采购部	03002	江河	普通人员	6222025878982503002
采购部	03003	张炜	普通人员	6222025878982503003
销售一部	04001	刘光启	管理人员	6222025878982504001
销售一部	04002	苏鹏	普通人员	6222025878982504002
销售一部	04003	康河才	普通人员	6222025878982504003
销售二部	04004	邓和庆	行政人员	6222025878982504004
销售二部	04005	孙奇	普通人员	6222025878982504005
销售二部	04006	方民之	行政人员	6222025878982504006
销售二部	04007	邹祥亨	普通人员	6222025878982504007
销售二部	04008	韩梅	普通人员	6222025878982504008
库管部	05001	洪东伟	管理人员	6222025878982505001
库管部	05002	李海燕	普通人员	6222025878982505002

（五）工资项目设置

工资项目信息见表2-26。

表2-26 工资项目信息

工资项目名称	类型	长度	小数	增减项
基本工资	数值	8	2	增项
岗位工资	数值	8	2	增项
奖金	数值	8	2	增项
交补	数值	8	2	增项
应发合计	数值	8	2	增项
事假天数	数值	2	0	其他
事假扣款	数值	8	2	减项
病假天数	数值	2	0	其他
病假扣款	数值	8	2	减项
养老保险	数值	8	2	减项
代扣税	数值	8	2	减项
扣款合计	数值	8	2	减项
实发合计	数值	8	2	增项
计税基数	数值	8	2	其他
工资分摊基数	数值	8	2	其他
个税专项附加扣除额	数值	8	2	其他

（六）工资项目公式设置

工资计算公式：

岗位工资 = iff（人员类别 = " 管理人员 "，800，iff（人员类别 = "行政人员 "，600，500））

交补 = 450

事假扣款 = 基本工资 * 事假天数 / 22

病假扣款 = 基本工资 * 病假天数 * 0.8 / 22

养老保险 = （基本工资 + 岗位工资）* 0.08

计税基数 = 基本工资 + 岗位工资 + 奖金 + 交补 – 事假扣款 – 病假扣款 – 养老保险 – 个税专项附加扣除额

工资分摊基数 = 基本工资 + 岗位工资 + 奖金 + 交补 – 事假扣款 – 病假扣款

（七）扣缴所得税设置

所得项目：综合所得。

对应工资项目：计税基数。

计税基数：5 000元。

附加费用：0元。

个人所得税税率见表2-27。

表2-27 个人所得税税率表

级数	全月应纳税所得额	税率（%）	新速算扣除数
1	不超过3 000元的	3	0
2	超过3 000元至12 000元的部分	10	210
3	超过12 000元至25 000元的部分	20	1 410
4	超过25 000元至35 000元的部分	25	2 660
5	超过35 000元至55 000元的部分	30	4 410
6	超过55 000元至80 000元的部分	35	7 160
7	超过80 000元的部分	45	15 160

（八）银行代发设置

单位编号：9587457845。

（九）计提费用类型及工资分摊设置

（1）计提费用类型设置。

计提费用见表2-28。

表2-28 计提费用一览表

计提费用类型	计提分摊比例
工资	100%
职工教育经费	8%
工会经费	2%
养老保险	20%

（2）工资分摊设置。

工资分摊见表2-29。

表2-29 工资分摊一览表

部门	人员类别	项目	工资，职工教育经费，工会经费，养老保险	
			借方科目	贷方科目
除销售部的所有部门	管理人员	工资分摊基数	660204	221101，221103，221104，221105
除销售部的所有部门	行政人员	工资分摊基数	660204	221101，221103，221104，221105
除销售部的所有部门	普通人员	工资分摊基数	660204	221101，221103，221104，221105
销售部	管理人员	工资分摊基数	660103	221101，221103，221104，221105
销售部	行政人员	工资分摊基数	660103	221101，221103，221104，221105
销售部	普通人员	工资分摊基数	660103	221101，221103，221104，221105

（十）本月工资数据设置

工资数据见表2-30。

表2-30　　工资数据一览表　　金额单位：元

人员编号	姓名	基本工资	奖金	事假天数	病假天数	个税专项附加扣除额
01001	张生	6 500	500			1 000
01002	王丽荣	5 000	500		5	
01003	李欧文	4 500	500			500
02002	王海	4 482	300	1		
02003	李雷	4 584	300			300
02004	徐蕾	4 300	300	1		
03001	王烈影	5 587	200			2 000
03002	江河	4 248	300			
03003	张炜	3 800	300	1		
04001	刘光启	5 800	300			500
04002	苏鹏	4 200	200			
04003	康河才	4 540	100			
04004	邓和庆	4 300	100		2	1 000
04005	孙奇	3 990	300			
04006	方民之	4 540	500	2		1 000
04007	邹祥亨	4 250	300			
04008	韩梅	4 200	400			
05001	洪东伟	4 950	500		3	1 500
05002	李海燕	4 050	300			
合　计		93 621	6 500	5	10	7 800
02001	张颖	5 800	300			

（十一）生成本月工资凭证

生成本月计提工资、职工教育经费、工会经费、养老保险的记账凭证。

（十二）薪资管理系统期末结账

进行薪资管理系统期末结账。

实训八　固定资产管理

一、实训目的

通过实训，掌握固定资产管理系统的主要功能、系统初始化的内容、日常管理方法等任务的具体操作方法。

二、实训内容

1. 建立固定资产账套
2. 录入固定资产卡片
3. 设置资产类别，计提折旧
4. 处理资产增减变动业务

三、实训准备

已经完成实训七的操作，并且成功安装用友T3畅捷通，将系统日期调整为“2020年1月1日”。

四、实训资料

以“李雷”的身份登录操作。

（一）固定资产初始化信息

账套启用：2020年1月。

账套计提折旧方法：平均年限法（一）。

折旧汇总分配周期：1个月（当“月初已计提月份＝可使用月份-1”时，将剩余折旧全部提足）。

资产类别编码方式：2-1-1-2。

固定资产类别编码方式：部门编码+类别编码+序号，序号长度为3位。

固定资产对账科目为1601，累计折旧对账科目为1602。

对账不平的情况下不允许固定资产月末结账。

（二）部门对应折旧科目

部门对应折旧科目见表2-31。

表2-31 部门对应折旧科目一览表

部门编码	部门名称	折旧科目
01	办公室	660203 折旧费
02	财务部	660203 折旧费
03	采购部	660203 折旧费
04	销售部	660104 折旧费
0401	销售一部	660104 折旧费
0402	销售二部	660104 折旧费
05	库管部	660203 折旧费

（三）资产类别设置

资产类别见表2-32。

表2-32　资产类别一览表

类别编码	类别名称	使用年限	净残值率	计提属性	方法
01	房屋	50年	10%	总提折旧	平均年限法（一）
02	办公设备	5年	4%	正常计提	平均年限法（一）
03	运输设备	10年	4%	正常计提	平均年限法（一）

（四）原始卡片

原始卡片信息见表2-33。

表2-33　原始卡片信息

资产名称	类别	增加方式	原值（元）	使用年限（年）	使用部门	累计折旧（元）	开始使用时间
办公楼	01	在建工程转入	46 666.67	50	办公室	280	2019-08-15
办公楼	01	在建工程转入	46 666.67	50	财务部	280	2019-08-15
办公楼	01	在建工程转入	46 666.66	50	采购部	280	2019-08-15
销售楼	01	在建工程转入	100 000	50	销售一部	600	2019-08-20
销售楼	01	在建工程转入	100 000	50	销售二部	600	2019-08-20
仓库	01	在建工程转入	80 000	50	库管部	480	2019-08-29
销售货车	03	直接购入	75 000	10	销售一部	1 800	2019-09-05
销售货车	03	直接购入	75 000	10	销售二部	1 800	2019-09-05
采购货车	03	直接购入	150 000	10	采购部	3 600	2019-09-05
展柜	02	直接购入	8 000	5	销售一部	384	2019-09-06
展柜	02	直接购入	8 000	5	销售二部	384	2019-09-06
会议座椅	02	直接购入	5 000	5	销售一部	320	2019-08-31
会议座椅	02	直接购入	5 000	5	销售二部	320	2019-08-31
小轿车	03	直接购入	80 000	10	销售一部	1 920	2019-09-06
计算机	02	直接购入	3 000	5	办公室	144	2019-09-10
计算机	02	直接购入	3 000	5	办公室	144	2019-09-10
计算机	02	直接购入	3 000	5	财务部	144	2019-09-10
计算机	02	直接购入	3 000	5	财务部	144	2019-09-10
计算机	02	直接购入	3 000	5	销售一部	144	2019-09-10
计算机	02	直接购入	3 000	5	销售二部	144	2019-09-10
计算机	02	直接购入	3 000	5	采购部	144	2019-09-10
计算机	02	直接购入	3 000	5	库管部	144	2019-09-10
合　计			850 000			14 200	

（五）本月业务

（1）2020年1月15日，小轿车转移到办公室使用。

（2）2020年1月20日，财务部用现金购买打印机一台，含税价为3 200元，收到13%税率的增值税专用发票，净残值率为4%，预计使用5年。

（3）2020年1月31日，计提本月折旧。

（4）2020年1月31日，办公室有一台计算机因故障报废，收回残值现金500元，增值税税率为13%。

（5）2020年1月31日，经批准，结转报废计算机固定资产清理。（王海直接填制凭证）

（6）生成相应凭证并审核记账。

（六）期末对账及结账

进行固定资产管理系统期末对账及结账。

实训九　财务报表管理

一、实训目的

通过实训，掌握编制资产负债表、利润表等任务的具体操作方法。

二、实训内容

1.编制资产负债表并保存

2.编制利润表并保存

3.账套备份

三、实训准备

（1）已经完成实训八的操作，并且已经恢复实训八的账套备份数据，将系统日期调整为“2020年1月31日”。

（2）来自薪资管理系统、固定资产管理系统的所有凭证已经审核并记账。

（3）已经完成期末凭证及期间损益结转凭证生成并审核记账。

四、实训资料

以“王海”的身份登录系统。

1.完成总账系统期间损益结转，并审核记账、对账（可先不结账）

2.编制生成2020年1月31日资产负债表，并保存

3.编制生成2020年1月利润表，并保存

4.进行2020年1月账套备份

实训十　购销存管理系统初始化处理

一、实训目的

通过实训，掌握购销存管理系统基础档案设置，以及采购管理系统、销售管理系统、库存管理系统、核算管理系统参数和期初余额设置等任务的具体操作方法。

二、实训内容

1.设置购销存管理系统基础档案
2.设置采购管理系统参数和期初数据
3.设置销售管理系统参数和期初数据
4.设置库存管理系统参数和期初数据
5.设置核算管理系统参数和期初数据

三、实训准备

（1）已经完成实训九的操作，并且已经恢复实训九的账套数据，将系统日期调整为“2020年1月1日”。

（2）如果2020年1月已经总账结账，则进行2020年1月总账反结账操作。

四、实训资料

以“张颖”的身份登录系统。

（一）仓库档案设置

仓库档案见表2-34。

表2-34　仓库档案一览表

仓库编码	仓库名称	所属部门	负责人	计价方式
1	手机仓	库管部	洪东伟	全月平均法
2	笔记本仓	库管部	洪东伟	移动平均法
3	配件仓	库管部	洪东伟	移动平均法

（二）采购类型设置

采购类型见表2-35。

表2-35　采购类型一览表

采购类型编码	采购类型名称	入库类别	是否默认值
1	普通采购	采购入库	是
2	其他采购	采购入库	否

（三）销售类型设置

销售类型见表2-36。

表2-36 销售类型一览表

销售类型编码	销售类型名称	出库类别	是否默认值
1	普通销售	销售出库	是
2	其他销售	销售出库	否

（四）费用项目设置

费用项目资料见表2-37。

表2-37 费用项目资料一览表

费用项目编码	费用类型名称
1	代垫运费

（五）供应商往来期初余额及采购期初记账

（1）供应商往来期初余额见表2-38。

表2-38 供应商往来期初余额一览表

日期	科目编号	摘要	发票号	供应商	存货	数量（台）	金额（元）	到期日
2019-12-18	1123	预付款		驰鸿公司			80 000	
2019-12-26	2202	购货款	876439	春竹公司	小米手机	200	351 000	2020-01-26

（2）采购期初记账。

（六）客户往来期初余额

客户往来期初余额见表2-39。

表2-39 客户往来期初余额一览表

日期	科目编号	摘要	发票号	客户	存货	数量（台）	金额（元）	到期日
2019-12-25	1121	销货款	2312675	晨希公司	华硕笔记本电脑	100	234 000	2020-01-24
2019-12-17	1122	销货款	2314562	俊雄公司	华硕笔记本电脑	50	117 000	2020-01-16
2019-12-15	1122	销货款	2318657	依凝公司	华硕笔记本电脑	25	58 500	2020-01-14
2019-12-23	2203	预收款		鹏云公司			100 000	

（七）库存期初余额

（1）库存期初余额见表2-40。

表2-40 库存期初余额一览表

仓库	存货	数量	单价（元）	金额（元）
手机仓	小米手机	50台	1 500	75 000
手机仓	华为手机	40台	4 200	168 000
手机仓	魅族手机	80台	800	64 000

续表

仓库	存货	数量	单价（元）	金额（元）
笔记本仓	惠普笔记本电脑	130台	4 500	585 000
笔记本仓	联想笔记本电脑	100台	3 200	320 000
笔记本仓	华硕笔记本电脑	180台	2 000	360 000
配件仓	漫步者音箱	300套	80	24 000
配件仓	罗技鼠键	200套	180	36 000
配件仓	雷蛇耳麦	200套	220	44 000

（2）库存期初记账。

（八）存货科目设置

存货科目见表2-41。

表2-41　存货科目一览表

仓库编码	仓库名称	存货分类编码	存货分类名称	科目编码	科目名称
1	手机仓	01	手机	1405	库存商品
2	笔记本仓	02	笔记本	1405	库存商品
3	配件仓	03	配件	1405	库存商品

（九）存货对方科目设置

存货对方科目见表2-42。

表2-42　存货对方科目一览表

收发类别编码	收发类别名称	对方科目编码	对方科目名称
11	采购入库	1402	在途物资
21	销售出库	6401	主营业务成本

（十）客户往来科目设置

客户往来科目见表2-43。

表2-43　客户往来科目一览表

类别	设置内容	设置科目	设置内容	设置科目	设置内容	设置科目
基本科目设置	应收科目	1122	预收科目	2203		
基本科目设置	销售收入科目	6001	销售税费科目	22210103	销售退回科目	6001
结算方式科目设置	现金/人民币	1001	现金支票/人民币	100201	转账支票/人民币	100201

（十一）供应商往来科目设置

供应商往来科目见表2-44。

表2-44 供应商往来科目一览表

类别	设置内容	设置科目	设置内容	设置科目	设置内容	设置科目
基本科目设置	应付科目	2202	预付科目	1123		
基本科目设置	采购科目	1402	采购税费科目	22210101		
结算方式科目设置	现金/人民币	1001	现金支票/人民币	100201	转账支票/人民币	100201

实训十一 购销存日常业务处理

一、实训目的

通过实训，掌握购销存采购管理系统、销售管理系统、库存管理系统、核算管理系统日常业务的具体操作方法。

二、实训内容

1. 处理采购管理系统日常业务
2. 处理销售管理系统日常业务
3. 处理库存管理系统日常业务
4. 处理核算管理系统日常业务

三、实训准备

已经完成实训十的操作，并且已经恢复实训十的账套数据，将系统日期调整为“2020年1月31日”。

四、实训资料

以采购部“张炜”、销售部“韩梅”、库管部“李海燕”、财务部“王海”的身份登录系统，完成如下业务：

（1）2020年1月5日，与意致公司签订采购合同，采购小米手机100台，不含税单价为1 300元；采购华为手机200台，不含税单价为4 000元；增值税税率为13%。意致公司先垫付运费，收到发票后一并支付，计划1月12日到货。

（2）2020年1月8日，与鹏云公司签订销售合同，合同主要内容为：销售惠普笔记本电脑100台，不含税单价为5 500元；销售漫步者音箱200套，不含税单价为150元；销售魅族手机50台，不含税单价为1 300元；增值税税率为13%，运费由公司代垫。

（3）2020年1月10日，按合同约定，向鹏云公司发货并出库，开出增值税专用发票，同时用转账支票支付代垫含税运费2 440元，取得有关运费的增值税专用发票，增值税税率为9%，一并交给鹏云公司，生成相关凭证。

（4）2020年1月12日，向意致公司采购的货物全部到货并验收入库。入库时，发现小米手机实际收到99台，华为手机实际收到199台。经协商，按实际收到数量结算付款。

（5）2020年1月15日，收到意致公司开具的有关货物的增值税专用发票1张及有关运费的增值税专用发票1张，有关货物的增值税专用发票票号为562678934，发票列明小米手机数量99台，不含税单价为1 300元；华为手机数量199台，不含税单价为4 000元；增值税税率为13%。有关运费的增值税专用发票票号为56436897，发票列明不含税运费2 000元，增值税税率为9%；运费按金额进行分摊，生成相关凭证。

（6）2020年1月15日，银行收到俊雄公司电汇来的货款117 000元，生成相关凭证。

（7）2020年1月18日，出纳徐蕾开出人民币转账支票1张，票号为8543632，金额为500 000元，支付意致公司部分款项，余款暂欠，生成相关凭证。

（8）2020年1月20日，开出转账支票，票号为854276155，支付春竹公司货款，金额为351 000元，生成相关凭证。

（9）2020年1月22日，公司与驰鸿公司签订采购合同，采购罗技鼠键200套，不含税单价为200元；采购雷蛇耳麦200套，不含税单价为220元；增值税税率为13%，计划1月28日到货。

（10）2020年1月24日，银行收到晨希公司到期商业汇票234 000元，生成相关凭证。

（11）2020年1月25日，与芳洲公司签订销售合同，销售华为手机40台，不含税单价为5 800元；销售华硕笔记本电脑150台，不含税单价为2 500元；增值税税率为13%。

（12）2020年1月26日，按合同约定，向芳洲公司发货并出库，并按合同开出增值税专用发票，生成相关凭证。

（13）2020年1月28日，向驰鸿公司采购的货物全部到货并验收入库；同时，收到驰鸿公司开具的增值税专用发票，票号为57829091，发票数据与合同一致，生成相关凭证。

实训十二　购销存期末业务处理

一、实训目的

通过实训，掌握购销存采购管理系统、销售管理系统、库存管理系统、核算管理系统期末业务的具体操作方法。

二、实训内容

1. 处理采购管理系统期末业务

2.处理销售管理系统期末业务
3.处理库存管理系统期末业务
4.处理核算管理系统期末业务

三、实训准备

已经完成实训十一的操作，并且已经恢复实训十一的账套数据，将系统日期调整为“2020年1月31日”。

四、实训资料

1.2020年1月31日，采购部“张炜”进行采购管理系统月末结账
2.2020年1月31日，销售部“韩梅”进行销售管理系统月末结账
3.2020年1月31日，库管部“李海燕”进行库存管理系统月末结账
4.2020年1月31日，财务部“王海”进行核算管理系统月末处理，生成相应记账凭证，月末结账
5.2020年1月31日，进行总账系统审核、记账、期间损益结转、对账、结账

第三部分

综合实训

一、实训目的

通过实训，掌握系统管理、基础资料设置、总账系统、往来管理、现金管理、薪资管理、固定资产管理、财务报表管理及购销存管理等任务的具体操作方法。

二、实训内容

1. 系统管理
2. 基础资料设置
3. 总账系统
4. 往来管理
5. 现金管理
6. 薪资管理
7. 固定资产管理
8. 财务报表管理
9. 购销存管理

三、实训准备

已经准备好公司会计基础资料，并成功安装用友T3畅捷通。

四、实训资料

（一）企业基本信息

1. 操作员资料

操作员资料见表3-1。

表3-1　　操作员资料一览表

操作员编号	操作员姓名	所属部门	权限	操作员岗位
01	李汉	财务部	全部权限	财务主管
02	黄海	财务部	公用目录设置、总账管理、往来管理、固定资产管理、薪资管理、采购管理、销售管理、应付账款管理、应收账款管理、库存管理、核算管理、财务报表管理	会计
03	王珀	财务部	公用目录设置、总账的出纳签字、现金管理	出纳

2. 账套资料

（1）账套信息。

账套号：班号 + 班级序号。

账套名称：重庆方圆有限责任公司。

账套路径：默认。

启用会计期：2020年1月。

（2）单位信息。

单位名称：重庆方圆有限责任公司。

单位简称：方圆公司。

单位地址：重庆市红石路255号。

法人代表：王蕊。

邮政编码：400023。

联系电话及传真：67607096。

统一社会信用代码：910335MA5U6W986。

（3）核算类型。

本币代码：RMB。

本币名称：人民币。

企业类型：工业。

行业性质：2007年会计准则。

账套主管：李汉。

按行业性质预置会计科目。

（4）基础信息。

存货、客户、供应商分类核算。

有外币核算业务。

（5）业务流程。

采购和销售业务流程均为标准流程。

（6）分类编码方案。

科目编码级次：4-2-2-2-2。

客户分类编码级次：2-2-3。

部门编码级次：2-2。

供应商分类编码级次：2-2-3。

存货分类编码级次：2-2-3-3。

收发类别编码级次：1-1。

结算方式编码级次：1-2。

其他编码项目保持不变。

（7）数据精度。

数据精度定义均采用默认值。

3.系统启用

2020年1月1日，系统管理员启用总账管理、固定资产管理、核算管理、薪资管理、购销存管理等系统。

4.部门档案设置

部门档案信息见表3-2。

表 3-2　　部门档案信息

部门编码	部门名称
01	制造中心
0101	一车间
0102	二车间
02	营业中心
0201	业务一部
0202	业务二部
03	管理中心
0301	财务部
0302	人事部
0303	总经办

5. 职员档案设置

职员档案信息见表 3-3。

表 3-3　　职员档案信息

职员编码	职员姓名	所属部门	职员属性
001	王蕊	总经办	总经理
002	李汉	财务部	财务主管
003	黄海	财务部	会计
004	王珀	财务部	出纳
005	张红	人事部	行政人员
006	李平	业务一部	业务人员
007	王丽	业务二部	业务人员
008	黄磊	一车间	制造人员
009	廖锡龙	二车间	制造人员

6. 客户分类设置

客户分类信息见表 3-4。

表 3-4　　客户分类信息

客户分类编码	客户分类名称
01	批发
02	零售
03	代销
04	专柜

7. 客户档案设置

客户档案信息见表3-5。

表3-5 客户档案信息

客户编码	客户名称	客户简称	所属分类	开户银行	账号	纳税人识别号	业务员	部门	发展日期
001	原驰公司	原驰	批发	中国工商银行	5016020256548742136	91501602215487654A	李平	业务一部	2020-01-01
002	和平公司	和平	批发	中国银行	5016020259875415746	91501602588765454B	李平	业务一部	2020-01-01
003	尚可公司	尚可	专柜	中国建设银行	3254800143215487147	91325480696987546C	李平	业务一部	2020-01-01
004	优品公司	优品	代销	招商银行	6054578006352678411	91605457543789968D	李平	业务一部	2020-01-01

8. 供应商分类设置

供应商分类信息见表3-6。

表3-6 供应商分类信息

类别编码	类别名称
01	原料供应商
02	产成品供应商

9. 供应商档案设置

供应商档案信息见表3-7。

表3-7 供应商档案信息

供应商编码	供应商名称	供应商简称	所属分类	开户银行	账号	纳税人识别号	业务员	部门	发展日期
001	建兴公司	建兴	01	中国工商银行	5132005456987547844	91513200358754542A	王丽	业务二部	2020-01-01
002	昌河公司	昌河	01	中国银行	6784002450698788479	91678400636984561B	王丽	业务二部	2020-01-01
003	太平公司	太平	02	中国建设银行	4515700549566554687	91451570858998765C	王丽	业务二部	2020-01-01
004	上方公司	上方	02	招商银行	3001450490546875478	91300145566548785D	王丽	业务二部	2020-01-01

10.存货分类设置

存货分类信息见表3-8。

表3-8　存货分类信息

存货分类编码	存货分类名称
01	原材料
0101	主机
0101001	芯片
0101002	主板
0102	显示器
0103	鼠标
0104	键盘
02	产成品
0201	计算机
03	外购商品
0301	打印机
0302	传真机
04	应税劳务

11.存货档案设置

存货档案信息见表3-9。

表3-9　存货档案信息

存货编码	存货名称	存货大类	单位	税率（%）	存货属性	启用日期
001	酷睿i5芯片	芯片	盒	13	外购，生产耗用，销售	2020-01-01
002	华硕主板	主板	个	13	外购，生产耗用，销售	2020-01-01
003	三星显示器	显示器	台	13	外购，生产耗用，销售	2020-01-01
004	键盘	键盘	只	13	外购，生产耗用，销售	2020-01-01
005	鼠标	鼠标	只	13	外购，生产耗用，销售	2020-01-01
006	计算机	计算机	台	13	自制，销售	2020-01-01
007	惠普打印机	打印机	台	13	外购，销售	2020-01-01
008	运输费	应税劳务	元	9	外购，销售，劳务费用	2020-01-01

12.增加外币设置

外币名称：美元USD。

1月固定汇率：6.0012。

13.会计科目设置

（1）修改会计科目。

修改会计科目信息见表3-10。

表3-10 修改会计科目信息

科目编码	科目名称	辅助核算	受控系统
1001	库存现金	日记账	
1002	银行存款	日记账、银行账	
1121	应收票据	客户往来	应收系统
1122	应收账款	客户往来	应收系统
1221	其他应收款	个人往来	
1123	预付账款	供应商往来	应付系统
2201	应付票据	供应商往来	应付系统
2202	应付账款	供应商往来	应付系统
2203	预收账款	客户往来	应收系统
6403	税金及附加		

（2）增加会计科目。

增加会计科目信息见表3-11。

表3-11 增加会计科目信息

科目编码	科目名称	科目类型	核算账类
100201	人民币	资产	日记账、银行账
100202	美元	资产	日记账、银行账、外币核算、美元
222101	应交增值税	负债	
22210101	进项税额	负债	
22210102	已交税金	负债	
22210103	销项税额	负债	
222102	应交企业所得税	负债	
222103	应交个人所得税	负债	
222104	应交城市维护建设税	负债	
222105	应交教育费附加	负债	
222106	应交地方教育附加	负债	
221101	应付工资	负债	

续表

科目编码	科目名称	科目类型	核算账类
221102	应付福利费	负债	
221103	应付职工教育费	负债	
221104	应付工会经费	负债	
221105	应付养老保险	负债	
410401	未分配利润	所有者权益	
660101	运杂费	损益	
660102	广告费	损益	
660103	工资薪酬	损益	
660104	折旧费	损益	
660199	其他费用	损益	
660201	办公费	损益	
660202	差旅费	损益	部门核算
660203	折旧费	损益	部门核算
660204	工资薪酬	损益	
660205	业务招待费	损益	
660299	其他费用	损益	
660301	手续费	损益	
660302	利息收入	损益	
660303	汇兑损益	损益	
660304	利息支出	损益	

（3）指定会计科目。

将“1001库存现金”指定为“现金总账科目”，将“1002银行存款”指定为“银行总账科目”。

14.凭证类别设置

凭证类别信息见表3-12。

表3-12 凭证类别信息

类别字	类别名称	限制类型	限制科目
记	记账凭证	无	无

15.结算方式设置

结算方式信息见表3-13。

表3-13 结算方式信息

结算方式编码	结算方式名称	票据管理标志
1	现金	否
2	支票	是
201	现金支票	是
202	转账支票	是
3	电汇	否
9	其他	否

16.开户银行设置

开户银行信息见表3-14。

表3-14 开户银行信息

编码	开户银行名称	账号	暂封标志
001	中国工商银行	5002225874578545145	否

17.仓库档案设置

仓库档案见表3-15。

表3-15 仓库档案一览表

仓库编码	仓库名称	计价方式
1	原料仓	移动平均法
2	成品仓	移动平均法
3	外购品仓	全月平均法

18.采购类型设置

采购类型见表3-16。

表3-16 采购类型一览表

采购类型编码	采购类型名称	入库类别	是否默认值
00	普通采购	采购入库	是
01	其他采购	采购入库	否

19.销售类型设置

销售类型见表3-17。

表3-17 销售类型一览表

销售类型编码	销售类型名称	出库类别	是否默认值
1	批发	销售出库	是
2	零售	销售出库	否
3	代销	销售出库	否
4	专柜	销售出库	否

20.存货科目设置

存货科目见表3-18。

表3-18 存货科目一览表

仓库编码	仓库名称	科目编码	科目名称
1	原料仓	1403	原材料
2	成品仓	1405	库存商品
3	外购品仓	1405	库存商品

21.存货对方科目设置

存货对方科目见表3-19。

表3-19 存货对方科目一览表

收发类别编码	收发类别名称	对方科目编码	对方科目名称
11	采购入库	1402	在途物资
21	销售出库	6401	主营业务成本
12	产成品入库	5001	生产成本
22	材料领用出库	5001	生产成本

22.客户往来科目设置

客户往来科目见表3-20。

表3-20 客户往来科目一览表

类别	设置内容	设置科目	设置内容	设置科目	设置内容	设置科目
基本科目设置	应收科目	1122	预收科目	2203		
基本科目设置	销售收入科目	6001	销售税费科目	22210103	销售退回科目	6001
结算方式科目设置	现金/人民币	1001	现金支票/人民币	100201	转账支票/人民币	100201

23.供应商往来科目设置

供应商往来科目见表3-21。

表3-21 供应商往来科目一览表

类别	设置内容	设置科目	设置内容	设置科目	设置内容	设置科目
基本科目设置	应付科目	2202	预付科目	1123		
基本科目设置	采购科目	1402	采购税费科目	22210101		
结算方式科目设置	现金/人民币	1001	现金支票/人民币	100201	转账支票/人民币	100201

24.薪资管理系统基础信息

（1）初始化参数。

单个工资类别。

从工资中代扣个人所得税。

不扣零。

人员编码长度：3位。

（2）人员类别设置。

制造人员、行政人员、业务人员。

（3）人员档案设置。

人员档案信息见表3-22。

表3-22 人员档案信息

部门名称	人员编码	人员姓名	人员类别	银行账号
总经办	001	王蕊	行政人员	6222023158789825001
财务部	002	李汉	行政人员	6222023158789825002
财务部	003	黄海	行政人员	6222023158789825003
财务部	004	王珀	行政人员	6222023158789825004
人事部	005	张红	行政人员	6222023158789825005
业务一部	006	李平	业务人员	6222023158789825006
业务二部	007	王丽	业务人员	6222023158789825007
一车间	008	黄磊	制造人员	6222023158789825008
二车间	009	廖锡龙	制造人员	6222023158789825009

注：①全部为中方人员；②计税；③工资不停发。

（4）工资项目设置。

工资项目信息见表3-23。

表3-23 工资项目信息

工资项目名称	类型	长度	小数	增减项
基本工资	数值	8	2	增项
岗位工资	数值	8	2	增项
交补	数值	8	2	增项
应发工资	数值	8	2	增项
事假天数	数值	2	0	其他
事假扣款	数值	8	2	减项
病假天数	数值	2	0	其他
病假扣款	数值	8	2	减项
养老保险	数值	8	2	减项
代扣税	数值	8	2	减项
扣款合计	数值	8	2	减项
实发工资	数值	8	2	增项
计税基数	数值	8	2	其他
工资分摊基数	数值	8	2	其他
个税专项附加扣除	数值	8	2	其他

（5）工资项目公式设置。

岗位工资 = iff（人员类别= " 制造人员 "，500，iff（人员类别 = " 行政人员"，600，300））

交补 = 600

事假扣款 = 基本工资 * 事假天数 /2 2

病假扣款 = 基本工资 * 病假天数 * 0.5 / 22

养老保险 = （基本工资 + 岗位工资）* 0.08

计税基数 = 基本工资 + 岗位工资 + 交补 – 事假扣款 – 病假扣款 – 养老保险 – 个税专项附加扣除

工资分摊基数 = 基本工资 + 岗位工资 + 交补 – 事假扣款 – 病假扣款

（6）扣缴所得税设置。

所得项目：综合所得。

对应工资项目：计税基数。

计税基数：5 000元。

附加费用：0元

税率见表3–24。

表3–24　2019年个人所得税税率表（综合所得适用）

级数	全月应纳税所得额	税率（%）	新速算扣除数
1	不超过3 000元的	3	0
2	超过3 000元至1 2000元的部分	10	210
3	超过12 000元至25 000元的部分	20	1 410
4	超过25 000元至35 000元的部分	25	2 660
5	超过35 000元至55 000元的部分	30	4 410
6	超过55 000元至80 000元的部分	35	7 160
7	超过80 000元的部分	45	15 160

（7）银行代发设置。

单位编号：958745。

（8）计提费用类型及工资分摊设置。

①计提费用类型设置。计提费用见表3–25。

表3–25　计提费用一览表

计提费用类型	计提分摊比例
工资	100%
工会经费	2%
职工教育经费	8%

②工资分摊设置。工资分摊见表3-26。

表3-26 工资分摊一览表

部门	人员类别	项目	工资，职工教育经费，工会经费	
			借方科目	贷方科目
人事部、财务部、总经办	行政人员	工资分摊基数	660204	221101，221103，221104
业务一部、业务二部	业务人员	工资分摊基数	660103	221101，221103，221104
一车间、二车间	制造人员	工资分摊基数	5101	221101，221103，221104

25.固定资产管理系统基础信息

（1）启用参数。

本账套计提折旧。

账套计提折旧方法：平均年限法（一）。

折旧汇总分配周期：1个月（当“月初已计提月份＝可使用月份-1”时，将剩余折旧全部提足）。

资产类别编码方式：2-1-1-2。

固定资产类别编码方式：自动编码，部门编码+类别编码+序号，序号长度为3位。

与总账系统进行对账。

固定资产对账科目：1601。

累计折旧对账科目：1602。

对账不平的情况下不允许固定资产月末结账。

固定资产缺省科目：1601。

累计折旧缺省科目：1602。

（2）部门对应折旧科目设置。

部门对应折旧科目见表3-27。

表3-27 部门对应折旧科目一览表

部门名称	折旧科目
总经办	660203 折旧费
财务部	660203 折旧费
人事部	660203 折旧费
业务一部	660104 折旧费
业务二部	660104 折旧费
一车间	5101 制造费用
二车间	5101 制造费用

（3）资产类别设置资产类别见表3-28。

表3-28　　资产类别一览表

类别编码	类别名称	使用年限	净残值率	计提属性	方法
01	房屋	50年	10%	总提折旧	平均年限法（一）
02	办公设备	5年	4%	正常计提	平均年限法（一）
03	运输设备	10年	4%	正常计提	平均年限法（一）

26.期末转账定义

汇兑损益结转：100202科目汇兑损益转入财务费用/汇兑损益。

期间损益结转：本年利润科目4103。

27.银行对账期初

银行对账期初无未达账项。

（二）期初余额

1.总账期初余额录入

总账期初余额见表3-29。

表3-29　　总账期初余额一览表

科目名称	方向	期初余额（元）
库存现金	借	8 640.00
银行存款	借	848 000.00
人民币	借	848 000.00
应收账款	借	600 000.00
坏账准备	贷	3 000.00
原材料	借	1 622 200.00
库存商品	借	3 584 000.00
固定资产	借	1 524 000.00
累计折旧	贷	14 952.00
短期借款	贷	500 000.00
应付账款	贷	347 000.00
应付职工薪酬	贷	55 000.00
应付工资	贷	55 000.00
应交税费	贷	374 000.00
应交增值税	贷	340 000.00
销项税额	贷	340 000.00
应交教育费附加	贷	10 200.00
应交城市维护建设税	贷	23 800.00
实收资本	贷	6 000 000.00
利润分配	贷	892 888.00
未分配利润	贷	892 888.00

2.固定资产期初卡片

固定资产期初卡片信息见表3-30。

表3-30 固定资产期初卡片信息

资产名称	类别	增加方式	原值（元）	使用年限（年）	使用部门	累计折旧（元）	开始使用时间
行政办公室	01	在建工程转入	300 000	50	总经办	1 800	2019-08-30
财务室	01	在建工程转入	100 000	50	财务部	600	2019-08-30
人事办公室	01	在建工程转入	100 000	50	人事部	600	2019-08-30
营业办公室	01	在建工程转入	100 000	50	业务一部	600	2019-08-30
营业办公室	01	在建工程转入	100 000	50	业务二部	600	2019-08-30
一车间及仓库	01	在建工程转入	300 000	50	一车间	1 800	2019-08-30
二车间及仓库	01	在建工程转入	300 000	50	二车间	1 800	2019-08-30
营业货车	03	直接购入	75 000	10	业务一部	1 800	2019-09-05
营业货车	03	直接购入	75 000	10	业务二部	1 800	2019-09-05
空调	02	直接购入	8 000	5	总经办	384	2019-09-06
空调	02	直接购入	8 000	5	人事部	384	2019-09-06
空调	02	直接购入	8 000	5	财务部	384	2019-09-06
空调	02	直接购入	8 000	5	业务一部	384	2019-09-06
空调	02	直接购入	8 000	5	业务二部	384	2019-09-06
空调	02	直接购入	8 000	5	一车间	384	2019-09-06
空调	02	直接购入	8 000	5	二车间	384	2019-09-06
计算机	02	直接购入	3 000	5	总经办	144	2019-09-10
计算机	02	直接购入	3 000	5	财务部	144	2019-09-10
计算机	02	直接购入	3 000	5	财务部	144	2019-09-10
计算机	02	直接购入	3 000	5	人事部	144	2019-09-10
计算机	02	直接购入	3 000	5	业务一部	144	2019-09-10
计算机	02	直接购入	3 000	5	业务二部	144	2019-09-10
合　计			1 524 000			14 952	

3.供应商往来期初余额

供应商往来期初余额见表3-31。

表3-31 供应商往来期初余额一览表

日期	科目	摘要	发票号	供应商	存货	数量	含税单价（元）	到期日
2019-12-25	应付账款	赊购材料一批	565324	建兴公司	酷睿i5芯片	100盒	1 300	2020-01-25
					华硕主板	100个	700	
					三星显示器	100台	1 470	

4.客户往来期初余额

客户往来期初余额见表3-32。

表3-32 客户往来期初余额一览表

日期	科目	摘要	发票号	客户	存货	数量（台）	含税单价（元）	到期日
2019-12-15	应收账款	赊销计算机	514987	尚可公司	计算机	50	7 500	2020-01-15
2019-12-20	应收账款	赊销计算机	544564	优品公司	计算机	30	7 500	2020-01-20

5.库存期初余额

库存期初余额见表3-33。

表3-33 库存期初余额一览表

仓库	存货	数量	单价（元）	金额（元）
原料仓	酷睿i5芯片	500盒	1 300	650 000
原料仓	华硕主板	350个	700	245 000
原料仓	三星显示器	400台	1 470	588 000
原料仓	键盘	600只	180	108 000
原料仓	鼠标	390只	80	31 200
成品仓	计算机	480台	6 800	3 264 000
外购品仓	惠普打印机	200台	1 600	320 000
合 计		2 920		5 206 200

（三）2020年1月发生业务

（1）4日，开出转账支票，银行代发上月工资55 000元。

（2）4日，一车间生产领用酷睿i5芯片200盒、华硕主板200个、三星显示器200台。

（3）4日，二车间生产领用键盘和鼠标各200只。

（4）5日，开出转账支票，支付建兴公司部分货款250 000元。

（5）5日，王蕊出差，预借款5 000元，现金支付。

（6）6日，向昌河公司订购键盘100只，不含税单价为180元。

（7）6日，网络电子报税后扣缴上月税款，其中增值税340 000元、城市维护建设税23 800元、教育费附加10 200元。

（8）7日，和平公司订购计算机200台，不含税单价为7 500元。

（9）7日，提取备用金10 000元。

（10）8日，收到向昌河公司订购的键盘100只，并验收入原料仓。

（11）8日，向建兴公司订购鼠标200只，不含税单价为80元。

（12）8日，从成品仓向和平公司发出计算机200台。

（13）11日，收到优品公司的转账支票，偿还货款225 000元。

（14）11日，原驰公司订购计算机100台，不含税单价为7 500元。

（15）12日，收到向建兴公司购买的鼠标200只，并验收入原料仓。

（16）13日，收到原驰公司预付货款的转账支票375 000元。

（17）13日，和平公司订购惠普打印机100台，不含税单价为2 300元。

（18）14日，总经办购买办公桌椅一套，不含税价格为12 000元，税率13%，已收增值税专用发票，转账支票支付。

（19）15日，收到昌河公司开具的100只键盘的增值税专用发票1张，票号为345626。

（20）15日，收到建兴公司开具的200只鼠标的增值税专用发票1张，票号为345612。另外，在采购过程中，发生了一笔不含税运输费300元，增值税税率为9%，收到相应的增值税专用发票1张，票号为789545，该运输费建兴公司已经垫付。

（21）18日，收到尚可公司的转账支票，偿还货款375 000元。

（22）18日，从成品仓库向原驰公司发出计算机100台。

（23）19日，开出转账支票支付建兴公司货款200 000元，多余款作为预付款。

（24）20日，从外购品仓库向和平公司发出惠普打印机100台。

（25）22日，向原驰公司开具100台计算机的增值税专用发票1张。

（26）25日，向和平公司开具200台计算机、100台惠普打印机的增值税专用发票1张。

（27）27日，王蕊出差归来，报销差旅费4 200元，余款现金归还。

（28）29日，银行收到和平公司电汇来的部分货款150 000元。

（四）2020年1月期末处理

（1）计提本月折旧。

（2）计算并计提本月工资、职工教育经费、工会经费，基本情况见表3-34。

（3）将本月制造费用转入生产成本。

（4）一车间和二车间全部完工111台计算机入库，无在产品。

（5）计提本月城市维护建设税、教育费附加和地方教育附加。

（6）原驰公司有一笔预收款冲销应收款。

（7）进行本月往来客户和供应商的两清。

表 3-34 基本情况表

人员编号	姓名	基本工资（元）	事假天数（天）	病假天数（天）	个税专项附加扣除额（元）
001	王蕊	6 600			1 000
002	李汉	5800	2		
003	黄海	5 500		3	800
004	王珀	5 300			500
005	张红	5 800	4		
006	李平	5 700		2	300
007	王丽	5 500	1		
008	黄磊	5 300		1	500
009	廖锡龙	5 400			
合 计		50 900			3 100

（8）进行本月银行存款对账，本月银行对账单见表3-35。

表 3-35 本月银行对账单

日期	摘要	结算号	借方	贷方	余额
	上年结转				848 000.00
1月3日	发放上月工资	转账支票-345671		55 000.00	793 000.00
1月7日	购货款	转账支票-345673		250 000.00	543 000.00
1月7日	交上月税款	其他		374 000.00	169 000.00
1月10日	提现	现金支票-321452		10 000.00	159 000.00
1月14日	货款	转账支票-546456	225 000.00		384 000.00
1月16日	货款	转账支票-876532	375 000.00		759 000.00
1月18日	购入办公桌椅一套	转账支票-345653		13 560.00	745 440.00
1月20日	货款	转账支票-647357	375 000.00		1 120 440.00
1月25日	购货款	转账支票-78965		200 000.00	920 440.00
1月29日	货款	电汇	150 000.00		1 070 440.00

（9）对各个系统进行期末处理并结账。

（10）编制本月资产负债表和利润表。

第四部分

综合测试

模拟测试卷一

一、判断题（每题2分，共20分）

1.科目编码规则一经设定，在账套正式启用之后即不允许修改。（　　）

2.在应收账款管理系统中，对同一个单位的应收款与应付款可以对冲，预收款也可以用于冲抵应收款。（　　）

3.总账系统结账一般由会计主管和出纳人员共同确认和执行。（　　）

4.工资的分配是指将企业发放的工资于月末按照用途进行分配，并编制会计分录分别录入有关科目。（　　）

5.固定资产管理系统的特点之一是按类别计提折旧，以提高折旧计算的准确性。（　　）

6.输出账套功能是指将所选的账套数据做一个备份，既可以在硬盘上备份，也可以在软盘上备份。（　　）

7.在往来业务核销中，一张销售发票可以对应多张付款单据进行核销。（　　）

8.一个会计软件通常只允许建立一套账，并代表不同的会计主体。（　　）

9.期初余额录入完毕后，应该试算平衡。（　　）

10.固定资产原值变动不需要制作记账凭证并传递到总账系统。（　　）

二、单项选择题（每题2分，共20分）

1.凭证处理的主要流程是（　　）。

A.输入→修改→记账　　B.输入→审核→记账

C.输入→汇总→打印　　D.导入→审核→导出

2.下列各项不属于会计科目设置内容的是（　　）。

A.科目余额　　B.是否核算外币

C.是否辅助核算　　D.是否核算现金流量

3.薪资管理系统每月必须将工资费用分配表和其他与工资发放、计提、扣款有关的信息，以（　　）的形式传递给总账系统。

A.原始凭证　　B.费用分配表

C.记账凭证　　D.工资明细分类账

4.在应收账款管理系统中，用于反映指定期间往来单位应收款的期初余额、本期发生额合计及期末余额的报表是（　　）。

A.到期债权列表　　B.应收款汇总表

C.应收款明细表　　D.应计利息表

5.在固定资产管理系统的账套参数中，启用月份最主要的作用是（　　）。

A.确定开始计提折旧的月份　　B.确定开始增减处理的月份

C.确定开始变动处理的月份　　D.确定开始对账的月份

6.在凭证输入的过程中，下列数据必须直接用手工输入的是（　　）。

A.凭证编号　　B.科目代码　　C.业务摘要　　D.借贷金额

7.下列报表中必须由用户自定义的是（　　）。

A.利润分配表　　B.科目余额表　　C.科目汇总表　　D.试算平衡表

8.用户如果启用总账系统中的往来核算功能，则在设置会计科目时，需要将进行往来核算的科目设置成（　　）。

A.往来辅助核算科目　　B.数量核算科目

C.自动转账凭证　　D.项目辅助核算科目

9.假设岗位工资的计算公式定义为iff（人员类别="企业管理人员"，700，iff（人员类别="车间管理人员"，650，400）），试问其他人的岗位工资是（　　）元。

A.0　　B.400　　C.650　　D.700

10.和采购与应付系统有关系的业务系统是（　　）。

A.总账系统　　B.薪资管理系统

C.采购付款系统　　D.销售管理系统

三、多项选择题（每题2分，共20分）

1.下列功能模块中需要为总账系统生成记账凭证的有（　　）。

A.固定资产管理系统　　B.财务分析系统

C.薪资管理系统　　D.采购管理系统

2.在总账系统中，账套基本信息一般包括（　　）。

A.账套代码与名称　　B.所属行业

C.记账本位币　　D.科目编码规则

3.日常进行银行对账涉及的主要工作包括（　　）。

A.输入银行存款日记账　　B.输入银行对账单

C.自动和手工对账　　D.编制银行存款余额调节表

4.在应收账款管理系统中，转账与对冲业务包括（　　）。

A.预收款冲应收款　　B.应收款冲应付款

C.应收款冲应收款　　D.应付款冲应付款

5.下列各项工资数据中需要定义计算公式的有（　　）。

A.基本工资　　B.应发工资　　C.缺勤扣款　　D.加班补贴

6.在固定资产管理系统中，对输入的增减变动数据的处理主要包括（　　）。

A.审核记账　　B.编制相应的记账凭证

C.审核总账系统的总账　　D.更新各种汇总表文件

7.在总账系统的凭证处理中，三个最基本的业务环节包括（　　）。

A.凭证录入　　B.凭证记账　　C.凭证修改　　D.凭证审核

8.会计信息化实现了会计业务（　　）的全面信息化，充分发挥了会计在企业管理中的核心作用。

A.事前组织计划　　B.事前预测决策　　C.事中监督控制　　D.事后分析评估

9.下列关于会计科目编码设置的描述正确的有（　　）。

A.一级科目编码必须按会计制度的要求设定

B.科目编码的建立可以不按级次的先后顺序

C.科目编码必须唯一

D.科目编码可以不唯一

10.在报表系统中，报表的输出形式主要有（　　）。

A.屏幕显示　　B.打印输出　　C.磁盘输出　　D.网络传输

四、操作题（共40分）

1.增加操作员，名称为“李芳华”。(8分)

2.在总账系统中，对出纳签字参数进行设置。(8分)

要求：制单不序时控制；不允许修改、作废他人填制的凭证；出纳凭证必须经由出纳签字。

3.根据下列事项，输入付款单。(8分)

2020年1月23日，向无锡明发公司开出银行汇票1张，为采购摄像头货款，数量为50个，无税单价为90元，增值税税率为13%，价税合计为5 085元。

4.增加操作员。(8分)

编号：021。

姓名：陈涛。

口令：021。

5.新增固定资产。(8分)

名称：海尔空调。

增加方式：直接购入。

开始使用日期：2020年1月1日。

净值：5 000元。

进项增值税：650元。

使用年限：8年。

折旧方法：平均年限法（一）。

折旧科目：管理费用——折旧费。

未给出的数据使用默认数据。

模拟测试卷二

一、判断题（每题2分，共20分）

1.每个会计账套都可以指定多种货币为记账本位币。（ ）

2.在凭证处理中，不允许任何操作员审核自己输入的凭证。（ ）

3.会计电算化注重会计信息的处理，会计信息化则注重会计信息的共享和深度利用，二者没有区别。（ ）

4.在应收账款管理系统中，用户可以通过设置规则将一张发票生成一张记账凭证，但不能将多张发票生成一张记账凭证。（ ）

5.固定资产的减少处理一般要求在计提折旧之后进行。（ ）

6.薪资管理系统的初始设置主要包括设置会计科目、核算项目、工资类别、工资项目、计算公式、职工类型、职工档案等内容。（ ）

7.如果当月有未记账的凭证，系统也可以结账。（ ）

8.会计软件必须具备选择会计核算方法的功能，包括记账方法、固定资产折旧方法、存货计价方法、成本核算方法等。（ ）

9.审核记账人员可以兼任出纳。（ ）

10.通过总账系统的明细科目或辅助核算功能可以核算应收款，但不能核算应付款。（ ）

二、单项选择题（每题2分，共20分）

1.在应收款管理系统中，转账对冲不包括（ ）。

A.预收款冲预收款　　B.应收款冲应付款

C.应收款冲应收款　　D.预收款冲应收款

2.账套是用于存放核算单位会计数据的实体，一个账套代表一个（ ）。

A.核算项目　　B.会计期间　　C.数据文件　　D.核算单位

3.若凭证类别只设置一种，通常为（ ）。

A.付款凭证　　B.收款凭证　　C.记账凭证　　D.转账凭证

4.与采购与应付系统有关系的业务系统为（ ）。

A.薪资管理系统　　B.固定资产管理系统

C.总账系统　　D.销售管理系统

5.组成报表的最小单位是（ ）。

A.表单元　　B.变动单元　　C.组合单元　　D.表体

6.如果有未记账的当月凭证，则系统不能（ ）。

A.修改该凭证　　B.输出账簿　　C.结账　　D.审核该凭证

7.年度账的输出和引入是指（ ）的备份和恢复。

A.某月账套数据　　B.某年账套数据
C.某个核算单位账套数据　　D.整个账套数据

8.科目编码中的（　　）科目编码必须符合现行的会计制度。

A.一级　　B.二级　　C.各级　　D.明细

9.在固定资产管理系统中，对输入的增减变动数据的处理不包括（　　）。

A.编制原始凭证　　B.审核记账
C.编制记账凭证　　D.更新各种汇总表文件

10.下列工资项目中需要定义计算公式的是（　　）。

A.职务工资　　B.副食补贴　　C.交通补贴　　D.加班补贴

三、多项选择题（每题2分，共20分）

1.总账系统中设置各辅助核算就是对（　　）定义并编码。

A.客户往来单位　　B.部门　　C.项目　　D.供应商往来单位

2.应收/应付账款的主要核算方式有（　　）。

A.在总账系统中通过设置明细科目进行核算
B.在总账系统中通过设置往来辅助账进行核算
C.通过专门的应收/应付账款管理系统进行核算
D.通过库存管理系统进行核算

3.薪资管理系统的建账工作内容主要包括（　　）。

A.参数设置　　B.计算公式设置
C.扣税和扣零设置　　D.职工编码规则设置

4.下列各项中，不允许删除科目的有（　　）。

A.科目存在下级明细科目　　B.科目存在外币核算
C.曾用此科目做过凭证　　D.科目有发生金额

5.固定资产管理系统账套参数设置的内容除了有折旧规则、编码方案之外，还必须有（　　）。

A.启用月份　　B.资产增减方式　　C.资产类别　　D.财务接口

6.应付账款管理系统初始设置的内容主要包括（　　）。

A.账套参数与规则选项　　B.供应商档案
C.基础设置　　D.初始数据

7.用户设置包括（　　）的设置等。

A.用户职位　　B.用户姓名　　C.用户权限　　D.用户密码

8.下列各项属于工资固定数据项目的有（　　）。

A.职工编码　　B.职工姓名　　C.所属部门　　D.事假病假天数

9.下列有关会计电算化和会计信息化关系的表述中，正确的有（　　）。

A.会计电算化是会计信息化的初级阶段
B.会计电算化是会计信息化的基础工作
C.会计信息化是会计电算化的初级阶段

D.会计信息化是会计电算化的基础工作

10.下列关于会计核算软件总账系统的表述中，正确的有（　　）。

A.提供往来账清理功能　　B.提供银行对账功能

C.提供记账凭证汇总功能　　D.提供系统初始化功能

四、操作题（共40分）

1.对固定资产模块进行参数设置。（8分）

固定资产编码方式：自动编号。

按“类别编号+部门编号+序号”编号。

序号长度为5位。

要求与总账系统进行对账。

固定资产对账科目：1601固定资产。

累计折旧对账科目：1602累计折旧。

在对账不平的情况下允许月末结账。

2.根据下列信息建立账套。（8分）

账套号：609。

账套名称：生益科技有限公司。

启用会计期：2020年1月。

单位名称：生益科技有限公司。

单位简称：生益科技。

行业性质：2007年会计准则。

外币核算：有。

科目编码级次：4-2-1-1。

启用日期为2020年1月1日。

3.录入期初余额。（8分）

科目名称：库存现金；方向：借；金额：5 000元。

科目名称：银行存款；方向：借；金额：37 000元。

科目名称：实收资本；方向：贷；金额：25 000元。

科目名称：资本公积；方向：贷；金额：8 300元。

4.对2020年1月的会计账簿进行对账。（8分）

包括各类已启用的子系统。

5.固定资产的减少。（8分）

减少资产：海尔空调。

减少方式：出售。

清理收入：800元，含税，增值税税率13%，现金收入。

模拟测试卷三

一、判断题（每题2分，共20分）

1.账套基本信息包括凭证类型、会计科目、核算项目。（ ）

2.发现凭证有误，可随时删除或修改。（ ）

3.应收款核销方式主要有按科目核销、按余额核销、按单据核销、按存货核销等。（ ）

4.一个单位可以建立多个工资类别，不同类别的职工部门、人员、工资项目和计算公式都可以不同。（ ）

5.固定资产管理系统必须将日常处理的资产增加或减少、涉及原值或累计折旧的变动、减值准备及每月的计提折旧数据，以记账凭证的形式传递给总账系统。（ ）

6.供应商往来凭证不一定全部由应付款系统生成，其他系统也可生成。（ ）

7.报表单元是构成报表表体的基本元素，每一个单元都有自己的地址、内容和格式。（ ）

8.总账系统期末转账的特点之一是转账凭证可以自动编制。（ ）

9.一个完整的会计软件系统不一定包含总账系统，但必须包含报表处理功能。（ ）

10.余额方向用于指定科目余额的计算方法，其中，贷方余额=期初余额-本期借方发生额+本期贷方发生额。（ ）

二、单项选择题（每题2分，共20分）

1.固定资产管理系统启用之后的日常处理主要包括（ ）。

A.增减变动处理与计提折旧　　B.凭证的输入、审核与记账

C.计提折旧与成本核算　　D.设备采购与应付账款管理

2.建立账套时需要指定的基本信息中没有（ ）。

A.账套主管　　B.账套启用期间　　C.结账日期　　D.账套存储路径

3.下列有关账套恢复的说法中错误的是（ ）。

A.当账套数据受到破坏时，要进行恢复

B.恢复是一种倒退，即退到以前某一个时刻的状态

C.恢复不必受控制，可以任意进行

D.恢复后的账套就如备份前的账套一样，可以进行日常处理

4.当某一科目设置为个人往来核算时，可以再设置（ ）。

A.客户往来　　B.供应商往来　　C.部门核算　　D.项目核算

5.在薪资管理系统中设置银行档案的主要目的是（ ）。

A.银行借款　　B.银行代发工资　　C.银行贷款　　D.银行对账

6.会计软件系统一般以账务处理为中心并按（ ）来划分子系统。

A.部门　　B.机构　　C.职能　　D.规模

7.辅助核算一般通过设置（　　）来实现。

A.核算项目　　B.会计科目　　C.会计报表　　D.会计账簿

8.收回销售货款时应该填写相应的（　　），在填写时应注意收款对应哪一笔业务。

A.销售发票　　B.收款单　　C.采购合同　　D.付款单

9.系统计算工资一般依据（　　）进行。

A.定义的工资项目　　B.设置的工资类别

C.工资项目的增减项　　D.设置的职工类别

10.如果同时使用应付账款管理系统与采购管理系统，则与采购有关的票据均应从（　　）中输入，应付账款管理系统可以与之共享这些数据。

A.总账系统　　B.采购管理系统　　C.库存管理系统　　D.销售管理系统

三、多项选择题（每题2分，共20分）

1.在输入记账凭证的过程中，会计核算软件必须提供提示功能，其中包括（　　）。

A.正在输入的会计科目是否有余额

B.正在输入的凭证编号是否与已输入的机内记账凭证编号重复

C.以编号形式输入会计科目的，应当提示该编号对应的会计科目名称

D.记账凭证借贷双方金额不平衡，或没有输入金额，应予以提示并拒绝执行

2.计算机出纳管理的主要功能包括（　　）。

A.凭证签字　　B.支票管理

C.银行对账　　D.输出日记账和资金日报表

3.在应收账款管理系统中，应收款的核销方式一般有（　　）。

A.按客户核销　　B.按余额核销　　C.按单据核销　　D.按存货核销

4.应付账款管理系统处理的票据主要有（　　）。

A.采购发票与应付单　　B.应收票据

C.付款单和退款单　　D.应付票据

5.薪资管理系统应具备的特点有（　　）。

A.工资结构的可变性　　B.设置灵活方便

C.满足工资数据来源多的要求　　D.与其他系统联系紧密

6.下列各项中，属于会计核算软件报表处理模块实现对外报表处理功能的有（　　）。

A.报表编制　　B.报表浏览　　C.报表打印　　D.报表分析

7.下列各项中，发生在会计信息化渗透融合阶段的有（　　）。

A.确定了商品化会计核算软件的评审制度和标准

B.启动了商品化会计核算软件的审批工作

C.建立了以会计电算化为核心的管理信息和企业资源计划系统

D.会计电算化逐步完成了由单机应用向局域网应用的转变

8.下列各项中，需要编制固定资产记账凭证的有（　　）。

A.固定资产计提折旧　　B.固定资产报废

C.固定资产盘盈　　D.固定资产盘亏

9.结账要在本期所有业务处理完毕之后进行，所以系统在结账之前必须检查（　　）。

A.是否还有未记账的凭证　　B.是否已经进行银行对账

C.是否已经执行期末调汇　　D.是否已经进行损益结转

10.下列有关会计核算软件的叙述中正确的有（　　）。

A.会计核算软件以会计理论和会计方法为核心、以会计制度为依据

B.会计核算软件以管理和控制计算机系统资源的运行为任务

C.会计核算软件以计算机技术为基础，以会计数据为处理对象

D.会计核算软件以提供会计信息为目标

四、操作题（共40分）

1.在薪资管理模块中建立人员类别为管理人员和销售人员，然后设置以下工资项目，见表4-1。（8分）

表4-1　工资项目

序号	项目名称	类型	长度	小数
1	基本工资	数值	8	2
2	岗位工资	数值	8	2
3	请假天数	数值	2	0
4	请假扣款	数值	2	0

2.在固定资产的增减方式中，添加一种“增加方式”，名称为“融资”，编号为“109”。（8分）

3.根据下列事项，输入增值税专用发票。（8分）

2020年1月22日，销售部向A公司销售办公桌100张，无税单价为500元，开出增值税专用发票1张，发票号为C001，增值税税率为13%。

4.根据下列事项，输入付款单。（8分）

2020年5月23日，向天津凯瑞公司开出银行汇票1张，为采购材料货款，采购数量为30个，无税单价为50元，增值税税率为13%

5.录入部门档案。（8分）

部门档案见表4-2。

表4-2　部门档案

部门编码	部门名称
1	管理部
2	财务部
3	采购部

模拟测试卷四

一、判断题（每题2分，共20分）

1.建立账套、设置会计科目、设置核算项目、设置凭证类别、录入余额、建立摘要库、设置货币都是总账系统初始设置的内容。 （ ）

2.如果总账系统在第一期启用，则初始化时除了要输入年初余额，还必须输入本年累计发生额。 （ ）

3.会计科目代码一般使用数字进行编码。 （ ）

4.固定资产管理系统的特点之一是系统初建工作量不大而日常处理工作繁多。 （ ）

5.薪资管理系统每月必须将工资费用分配表及其他与工资的发放、计提、扣款有关的信息，以记账凭证的形式传递给总账系统。 （ ）

6.在应收账款管理系统中，收款单若作为预收款处理，则此款项以后不可以用于“核销”或“预收冲应收”。 （ ）

7.会计软件各功能模块之间或多或少会存在某些联系，它们相互作用、相互依赖，共同实现会计的核算和监督职能。 （ ）

8.总账系统期末转账的特点之一是转账凭证的生成没有先后次序。 （ ）

9.自定义报表是根据用户定义而生成的报表，如资产负债表、利润表、利润分配表、现金流量表等对外报表，以及费用之类的内部管理报表。 （ ）

10.为了使科目体系不过于臃肿，只要年内没有发生额的科目都可以删除。 （ ）

二、单项选择题（每题2分，共20分）

1.下列各项属于计核算软件核心模块的是（ ）。

A.总账系统　B.工资核算　C.财务分析　D.成本核算

2.月末结转时将要生成新月份的工资数据表，在该表中需要清零的是（ ）。

A.变动数据项　B.固定数据项　C.字符数据项　D.数值数据项

3.下列各项属于会计信息化基础工作的是（ ）。

A.管理信息化　B.会计电算化　C.会计核算软件　D.会计核算

4.在固定资产卡片中，唯一能够确定每项资产的数据项是（ ）。

A.资产名称　B.资产编号　C.类别编号　D.规格型号

5.有关科目名称和科目代码关系的表述中，正确的是（ ）。

A.科目名称和科目代码是唯一对应关系

B.科目名称和科目代码只需要设定其一

C.科目代码是必需的，科目名称可以为空

D.科目名称是必需的，科目代码可以为空

6.下列各项中，与应收/应付账款管理不直接相关的单据是（　　）。

A.销售发票　　B.采购发票　　C.收款单　　D.产品出库单

7.关于总账系统的表述中，不正确的是（　　）。

A.总账系统是会计核算软件的核心

B.完成系统初始化是总账系统正确运行的前提

C.不同会计核算软件的总账系统的基本模式是一致的

D.总账系统不提供企业内部管理所需要的信息

8.核算项目与明细科目的主要区别在于（　　）。

A.两者的编码不一样

B.两者的作用不一样

C.核算项目限于往来单位、部门、职员等，而明细科目更广泛

D.核算项目与科目是多对多关系，而明细科目与上级科目是多对一关系

9.应收款管理系统提供的基础设置中没有（　　）。

A.设置会计科目　　B.设置结算方式　　C.设置凭证模板　　D.设置收款方式

10.在计算机中，会计报表按其编制方式大体可以分为（　　）两类。

A.预置报表和对外报表　　B.对内报表和自定义报表

C.预置报表和自定义报表　　D.对内报表和对外报表

三、多项选择题（每题2分，共20分）

1.在会计业务处理中，会计记账凭证的编号（　　）。

A.可以手工编制，不要求连续　　B.可以手工编制，必须保证连续

C.可以系统编号，不要求连续　　D.可以系统编号，必须保证连续

2.辅助核算初始化的主要工作包括（　　）。

A.设置会计科目代码　　B.对会计科目定义辅助核算属性

C.设置核算种类与具体核算项目　　D.输入核算项目的余额或未清的业务

3.报表变动表元的数据来源主要有（　　）。

A.从总账系统中取数　　B.从其他会计核算模块中取数

C.从会计报表自身取数　　D.从外部取数

4.查询总分类账时需要显示的数据包括总账科目的（　　）。

A.本期期初余额　　B.本期借方和贷方发生额

C.本期期末余额　　D.本年借方和贷方累计发生额

5.设置会计科目时应遵循（　　）原则。

A.符合财政部和有关管理部门的规定　　B.满足本单位会计核算与管理的要求

C.科目编码4位　　D.保持相对稳定

6.在会计软件或ERP中应付款一般可以（　　）核算。

A.通过总账系统明细科目核算　　B.通过核算管理系统核算

C.通过总账系统往来辅助账核算　　D.通过采购管理系统核算

7.工资固定数据的管理主要是指对员工及其信息的增删变动，包括（　　）。

A.增加工资　　B.增加员工

C.删除员工　　D.生成工资费用分配表

8.固定资产账套参数中的财务接口需要设置对账科目，包括（　　）。

A.银行存款科目　　B.固定资产科目

C.累计折旧科目　　D.固定资产减值准备科目

9.下列关于会计核算软件记账功能的说法中，正确的有（　　）。

A.总分类账和明细分类账可以在同一个功能模块中登记或者在不同功能模块中登记

B.会计核算软件可以提供会计凭证审核通过后直接记账或成批记账的功能

C.总分类账和明细分类账登记时，应当计算出各会计科目的发生额和余额

D.总分类账和明细分类账登记时，应当打印出各会计科目的发生额和余额

10.下列有关凭证审核的表述中，正确的有（　　）。

A.不能审核自己录入的凭证　　B.不能删除经其他人审核的凭证

C.只能一次取消全部凭证的审核　　D.已经记账、审核过的凭证不能再审核

四、操作题（共40分）

1.查询蓝光公司2020年1月23日的资金日报表。（8分）

2.根据下列事项，输入增值税专用发票。（8分）

2020年3月24日，销售部向天津凯瑞公司出售商品A，数量为100件，无税单价为600元，开出增值税专用发票1张，发票号为C002，增值税税率为13%。

3.新增一张固定资产使用年限调整变动单。（8分）

卡片编号：000017。

卡片名称：海尔空调。

变动后使用年限：6年。

变动原因：功能落后。

4.新建报表。（8分）

在A3：D3区域中依次输入下列数据：现金；银行存款；外汇；其他资金。

完成操作后，将表格以“005.rep”为文件名保存。

5.设置部门对应折旧科目。（8分）

管理部对应折旧科目：6602。

财务部对应折旧科目：6602。

销售部对应折旧科目：6601。

模拟测试卷五

一、判断题（每题2分，共20分）

1.总账系统结账后才能输出已结账期间的正式会计报表、总账和明细账。（ ）

2.在薪资管理系统中，扣零设置用于确定扣零类型，如扣零至角、扣零至元等。（ ）

3.会计软件必须以总账系统为核心，因而各功能模块不能相对独立。（ ）

4.固定资产管理系统主要通过建立和管理固定资产卡片，核算固定资产的增减变动和计提折旧。（ ）

5.进行汇总的凭证必须是未记账凭证。（ ）

6.在正常情况下，固定资产管理系统中固定资产的价值和总账系统中固定资产科目的数值应该是相等的。（ ）

7.对本期结账之前输入的下一期间记账凭证，在本期结账之前也可以审核与记账。（ ）

8.辅助核算项目是会计科目的一种延伸，所以核算项目与明细科目是完全相同的。（ ）

9.通用会计核算软件需要初始化处理才能正式使用。（ ）

10.会计报表按其编制方式大体可以分为两类，其中一类是由用户自定义的报表，另一类是由通用报表系统生成的报表，如科目余额表、工资费用分配表等。（ ）

二、单项选择题（每题2分，共20分）

1.会计软件一般以账套为单位管理会计资料，账套一般以（ ）为单位建立。

A.数据文件 B.会计主体 C.会计岗位 D.会计职能

2.在应收账款管理系统中，输入的收款单若做了预收款处理，则此款以后可以用于（ ）。

A.背书转让 B.预收冲应付

C.贴现计息 D.核销或预收冲应收

3.为了分别管理生产人员和管理人员的工资，薪资管理系统应该设置（ ）。

A.职工性别 B.专业类别 C.职工类别 D.部门类别

4.部门编码级次为2-3-2，则下列部门编码中正确的是（ ）。

A.办公室101 B.办公室01001 C.办公室0101 D.办公室010101

5.（ ）后产生的报表和打印的账册才是完整的。

A.审核 B.记账 C.对账 D.结账

6.科目编码首位为6，代表（ ）类。

A.所有者权益 B.资产 C.损益 D.负债

7.计算机总账系统是建立在（　　）和会计恒等式基础上的一个通用系统，其数据源是历史的、能以货币计量的数据。

A.会计循环　　B.会计理论　　C.会计实务　　D.会计科目

8.下列各项不属于凭证处理的是（　　）。

A.填制凭证　　B.审核凭证　　C.凭证记账　　D.凭证保管

9.下列各项中，（　　）不属于应收/应付账款管理初始设置。

A.建立往来单位档案　　B.设置账龄分析区间

C.定义付款条件　　D.录入往来初始数据

10.在固定资产管理系统中，（　　）是编制折旧转账凭证的依据。

A.累计折旧　　B.折旧费用分配表

C.资产原值　　D.资产账簿

三、多项选择题（每题2分，共20分）

1.在我国会计发展的过程中，发生变化的内容主要有（　　）。

A.处理会计信息的技术　　B.提供会计信息的方式

C.分析会计信息的能力　　D.利用会计信息的程度

2.下列关于会计核算软件应收/应付账款管理模块的表述中，正确的有（　　）。

A.提供系统初始化、系统维护、权限设置、系统日志功能

B.处理资金往来结算过程中发生的结算票据

C.分析应收账款的账龄并自动勾对往来账款

D.完成应收/应付账款的日常登记并编制记账凭证

3.在凭证输入过程中，系统对会计科目的检查内容可能包括（　　）。

A.检查科目与借贷金额是否一致

B.检查科目与凭证类型是否一致

C.检查借贷科目是否非法对应科目

D.检查科目是否存在和是否为最明细一级

4.下列各项属于出纳管理模块的有（　　）。

A.支票管理　　B.输出日记账和资金日报表

C.输出明细分类账　　D.银行对账

5.在总分类账的查询条件中可以指定的有（　　）。

A.科目范围　　B.科目级次　　C.凭证起止号　　D.会计期间

6.通用薪资管理系统在建立账套之后的初始化工作还包括（　　）。

A.工资类别设置　　B.工资项目设置　　C.计算公式设置　　D.职工类别设置

7.在固定资产管理系统中，对计提折旧有影响的数据项有（　　）。

A.资产名称　　B.资产原值　　C.折旧方法　　D.使用状态

8.从信息系统的层次上看，会计信息化是（　　）系统。

A.事前的会计信息化决策支持

B.事中的会计信息化管理

C.事后的会计信息化核算、分析和评估

D.集成的管理信息

9.总账系统正式启用之后，下列功能中允许使用的有（　　）。

A.增加或删除会计科目　　B.修改操作员的权限与密码

C.修改科目的年初余额　　D.增加或删除常用摘要

10.替代手工记账这一过程的实现不仅是记账、算账、报账处理方式的改变，更主要的是（　　）。

A.提高了会计信息的及时性

B.提高了会计信息的准确性

C.提高了会计信息的完整性

D.为会计信息的充分利用打下了基础

四、操作题（共40分）

1.输入工资数据。(8分)

工资数据见表4-3。

表4-3　工资数据　单位：元

姓名	基本工资	奖励工资
李故	5 000	2 400
赵五	4 000	2 000
王三	3 000	1 800
张好	2 500	800
刘以	2 000	500

2.设置固定资产增减方式及对应科目。(8分)

增加方式：直接购入；对应科目1002。

减少方式：出售；对应科目1701。

3.设置客户档案。(8分)

客户编码：121。

客户名称：华丰茂贸易。

客户简称：华丰茂。

4.调用报表模板，选择行业为“2007一般企业会计准则”，报表类型为“资产负债表”，将报表以表名“资产负债表.rep”保存。(8分)

5.查询全部供应商的供应商对账单。(8分)

模拟测试卷六

一、判断题（每题2分，共20分）

1.会计核算软件子系统之间是相互独立的。（　）

2.出纳签字之前，需要对凭证参数进行设置并指定科目，否则系统将提示不能签字。（　）

3.辅助账就是备查账。。（　）

4.在用友报表系统中，用户可以根据自己的需要设置相应的关键字。。（　）

5.会计是从货币方面对企业、事业单位的经济活动进行连续、系统、全面的核算和监督。（　）

6.任何一个科目都必须按其级次的先后建立。。（　）

7.使用电子计算机进行会计核算的，其软件及其生成的会计凭证、会计账簿、财务报告和其他会计资料，必须符合国家统一的会计制度的规定。（　）

8.在报表的编制过程中，报表中各个单元填列数据的规律会随着会计期间的变化而变化。（　）

9.采购订单编制后应先进行审核，然后才能作为正式的订单，否则不能生成入库单。（　）

10.固定资产管理模块是一个独立的模块，与其他财务模块没有联系。（　）

二、单项选择题（每题2分，共20分）

1.下列有关固定资产管理子系统的说法正确的是（　）。

A.固定资产管理子系统提供卡片管理，但与总账系统无关

B.固定资产管理子系统只是对固定资产的增减变动情况进行管理

C.固定资产管理子系统只要使用或改变就应计提折旧

D.固定资产管理子系统计提折旧的方法可以由用户自行定义

2.下列有关电算化会计人员操作权限的表述中，正确的是（　）。

A.会计电算化主管负责定义各操作人员的权限

B.会计电算化具体操作人员只有修改自己口令和操作权限的权限

C.会计电算化主管可以修改其他操作人员的密码和权限

D.负责软件操作的会计电算化岗位有权更改他人的操作权限

3.单位购买会计软件后，对开始使用软件时间的要求是（　）。

A.只能年初使用　　B.只能年中使用

C.只能年末使用　　D.根据单位具体情况确定

4.（　）是以企业的各种入库单和出库单为原始数据，对各种出、入库单进行输入和审核，反映各种存货的入库、出库及库存情况。

A.采购管理系统　　B.库存管理系统
C.销售管理系统　　D.存货核算系统

5.下列系统与应收账款管理系统没有直接联系的是（　　）。

A.销售管理系统　　B.总账系统
C.核算管理系统　　D.应付账款管理系统

6.采用（　　）的报表格式的设置方式，采用整表设置模式，具有“所见即所得”的特性。

A.非直观　　B.直观　　C.非混合　　D.混合

7.在报表系统中，用于选取其他表页单元数据的函数为（　　）。

A.SUM（）　　B.SELE（）　　C.TOTAL（）　　D.RELATION（）

8.进行月末结账处理时，下列描述不正确的是（　　）。

A.结账前应将所有凭证登记入账
B.某月结账后，将不能再输入该月凭证
C.某月结账后，该月不能再记账
D.每月可多次结账

9.采购物资的正确流程为（　　）。

A.签订采购意向合同、下达订单、采购入库、采购结算等
B.制订采购计划、进行实际采购、支付采购价款、采购入库
C.制订采购计划、实地考察、进行实际采购、采购入库、支付采购价款
D.签订采购意向合同、进行实际采购、采购入库、支付采购价款

10.在系统管理模块中增加用户时，（　　）不能重复。

A.编码　　B.姓名
C.口令　　D.编码、姓名和口令

三、多项选择题（每题2分，共20分）

1.凭证类别可以设置为（　　）。

A.通用记账凭证
B.收款凭证、付款凭证、转账凭证
C.现金凭证、银行凭证、转账凭证
D.记账凭证、汇总凭证、转账凭证

2.发现已经输入并审核通过或者已经登账的记账凭证有错误的，应当采用（　　）进行更正。

A.红字凭证冲销法　　B.划线更正法
C.补充凭证法　　D.直接修改法

3.报表格式设计的内容主要包括（　　）。

A.创建报表文件　　B.定义报表格式　　C.定义计算公式　　D.定义审核公式

4.在填制记账凭证输入会计科目时，可以（　　）。

A.输入科目名称　　B.输入科目代码

C.使用快捷键参照输入　　　　　　D.输入科目助记码

5.会计核算软件应当提供的控制功能有（　　）。

A.正在输入的记账凭证编号是否与已输入的机内记账凭证编号重复

B.正在输入的记账凭证中的会计科目借贷双方金额不平衡，或没有输入金额，应予以提示并拒绝执行

C.正在输入的记账凭证有借方会计科目而无贷方会计科目，或者有贷方会计科目而无借方会计科目的，应予以提示并拒绝执行

D.以编号形式输入会计科目的，应当提示该编号对应的会计科目名称

6.在用友软件中，关于账套主管的说法正确的有（　　）。

A.一个账套可以设定多个账套主管

B.账套主管自动拥有该账套的所有权限

C.一个账套可以不设定账套主管

D.账套主管是由系统管理员设定的

7.下列数据项属于职工初始数据的有（　　）。

A.应发工资　　　　　　B.职工性别

C.扣税率　　　　　　D.账号

8.下列各项属于科目设置内容的有（　　）。

A.数量核算　　　　　　B.外币核算

C.借贷方向　　　　　　D.多栏式账户

9.下列关于会计科目编码的描述中，正确的有（　　）。

A.会计科目编码必须采用全编码

B.一级会计科目编码由财政部统一规定

C.设计会计科目编码应从明细科目开始

D.会计科目编码可以不用设定

10.会计产生以来，会计数据处理方式包括（　　）。

A.手工方式　　　　　　B.机械方式

C.电子计算机方式　　　　　　D.穿孔机、卡片分类机

四、操作题（共40分）

1.录入固定资产信息。(8分)

固定资产信息见表4-4。

表4-4　固定资产信息

固定资产名称	类别编号	所在部门	增加方式	使用年限（年）	开始使用日期	原值（元）	累计折旧（元）	对应折旧科目名称
车床	1	生产部	直接购入	6	2019-11-01	200 000	19 000	制造费用
轿车	2	销售部	直接购入	5	2019-11-01	150 000	9 000	销售费用

注：净残值率均为5%，使用状态均为“在用”，折旧方法均采用平均年限法（一）。

2.设置部门对应折旧科目。（8分）
总经办对应折旧科目：6602。
采购部对应折旧科目：6602。
生产部对应折旧科目：5101。
3.录入供应商档案。（8分）
供应商档案见表4-5。

表4-5　供应商档案

编码	供应商名称	供应商简称
1	北京同城建筑有限公司	同城建筑
2	武汉惠及食品公司	武汉惠及

4.查询库存现金（1001）总账，然后查询明细账。（8分）
5.录入期初余额。（8分）
科目名称：银行存款；方向：借；金额：500 000元。
科目名称：固定资产；方向：借；金额：100 000元。
科目名称：应付职工薪酬；方向：贷；金额：80 000元。
科目名称：长期借款；方向：贷；金额：200 000元。

模拟测试卷七

一、判断题（每题2分，共20分）

1.客户和供应商分类必须相同。（　　）

2.可以在编制报表时反复使用已经设置好的报表公式，并且在不同的会计期间可以生成不同结果的报表。（　　）

3.会计报表软件只能输出当前会计期间的报表数据信息。（　　）

4.在薪资管理系统的日常处理工作中需要录入的工资数据是由工资项目计算公式得到的数据。（　　）

5.现金科目只有预先指定，才能使用“现金日记账”功能。（　　）

6.总账系统中除会计主管外，至少应设置1名操作员。（　　）

7.所设置的操作员被引用后，仍可以被修改和删除。（　　）

8.在录入辅助核算期初余额之前，必须先设置各辅助核算目录。（　　）

9.科目余额方向不能调节。（　　）

10.任何一个科目都必须按其级次的先后从末级向一级删除。（　　）

二、单项选择题（每题2分，共20分）

1.企业进行（　　）操作后，需要进行记账，以避免总账与辅助账、总账与明细账的核对有误。

A.期初设置　　B.录入供应商信息

C.录入职员档案　　D.录入某项业务的凭证

2.关于记账操作，下列说法中错误的是（　　）。

A.计算机自动进行凭证借贷金额校验

B.记账一般采用向导方式，使记账过程更加明确

C.未经审核的凭证也可记账

D.第一次记账时，若期初余额试算不平衡，不能记账

3.客户往来中可以取消操作的项目不包括（　　）。

A.应收单记账　　B.核销　　C.转账　　D.下达销售订单

4.下列各项属于日常会计核算业务处理工作中最经常性工作的是（　　）。

A.账簿查询　　B.凭证处理　　C.编制报表　　D.财务分析

5.只有（　　）才有权建立和管理用户。

A.Demo　　B.Admin　　C.User　　D.账套主管

6.下列各项属于项目设置内容的是（　　）。

A.凭证类别设置　　B.会计科目设置　　C.期初余额录入　　D.定义项目目录

7.关于审核操作，下列说法中错误的是（　　）。

A.审核人必须具有审核权
B.作废凭证不能被审核，也不能被标错
C.审核人和制单人可以是同一个人
D.凭证一经审核，不能被直接修改或删除

8.凭证编号一般按（　　）每月自动编号。

A.凭证日期　　B.凭证类别　　C.附件数　　D.金额大小

9.如果对符合某个条件的人员的工资项目进行统一修改，最合适的修改方法是（　　）。

A.设置公式录入　　B.筛选快速录入
C.所有工资数据录入　　D.定位方式录入

10.会计电算化软件对于正在输入的（　　）借方科目不是“库存现金”或“银行存款”科目的，应予以提示并拒绝。

A.付款凭证　　B.收款凭证　　C.转账凭证　　D.现金凭证

三、多项选择题（每题2分，共20分）

1.下列操作中，会计主管在年度账中可执行的有（　　）。

A.结转上年度账　　B.删除年度　　C.输出　　D.引入

2.下列关于期初余额的描述中，正确的有（　　）。

A.所有科目都必须输入期初余额
B.红字余额应输入负号
C.期初余额试算不平衡则不能记账，但可以填制凭证
D.如果已经记过账，仍可修改期初余额

3.下列关于会计科目的描述中，错误的有（　　）。

A.要修改和删除某会计科目，应先选中该会计科目
B.科目一经使用，即已经输入凭证，就不允许修改或删除该科目
C.有余额的会计科目可以直接修改
D.删除会计科目应从一级科目开始

4.从计算机数据管理技术的发展来看，会计核算软件经历的阶段有（　　）。

A.人工管理　　B.手工核算　　C.文件管理系统　　D.数据库系统

5.进行会计核算必须输入的期初数据及有关资料，包括总分类会计科目和明细分类会计科目的（　　）。

A.年初数　　B.累计发生额　　C.属性　　D.编号

6.薪资管理系统自带的工资类别有（　　）。

A.应发合计　　B.扣款合计　　C.实发合计　　D.奖金合计

7.总账系统进行期末结账时，需注意的有（　　）。

A.各科目的摊、提、结转必须在结账以前完成
B.当月输入的记账凭证必须全部记账
C.上月未结账则本月无法结账
D.每月只能结账一次

8. 保存常用凭证的操作有（　　）。
A. 单击保存图标　B. 按【F6】键　C. 单击增加图标　D. 按【Esc】键
9. 固定资产管理系统与总账系统的对账主要是通过设置（　　）科目来进行的。
A. 产品生产成本　B. 固定资产　C. 累计折旧　D. 在建工程
10. 在用友软件中，“银行存款”科目通常会选择（　　）进行辅助核算。
A. 日记账　B. 银行账　C. 外币核算　D. 客户往来

四、操作题（共40分）

1. 设置资产类别。（8分）
资产类别见表4-6。

表4-6　资产类别

编码	类别名称	使用年限（年）	净残值率（%）	单位	计提属性	折旧方法	卡片样式
1	运输设备	10	5	台	正常计提	平均年限法（一）	通用样式
2	电子设备	5	5	台	正常计提	平均年限法（一）	通用样式
3	机器设备	8	5	台	正常计提	平均年限法（一）	通用样式

2. 查询全部供应商的供应商对账单。（8分）
3. 在薪资管理模块中建立人员类别为管理人员和销售人员，然后设置以下工资项目。（8分）
工资项目见表4-7。

表4-7　工资项目

序号	项目名称	类型	长度	小数
1	基本工资	数值	8	2
2	岗位工资	数值	8	2
3	请假天数	数值	2	0
4	请假扣款	数值	2	0

4. 增加固定资产并生成凭证。（8分）
固定资产见表4-8。

表4-8　固定资产

类别编号	资产名称	部门名称	增加方式	使用状况	使用年限（年）	使用日期	原值（元）
1	001 面包车	销售部	直接购入	在用	8	2020-01-01	60 000
1	002 计算机	财务部	直接购入	在用	5	2020-01-01	5 000

5. 设置现金折扣方式。（8分）
要求：10天内付款给予5%的折扣，20天内付款给予2%的折扣，30天内付款无折扣。（编码：01）

模拟测试卷八

一、判断题（每题2分，共20分）

1.总账系统为报表等其他功能模块提供数据。（　　）
2.任何操作员都可以在总账系统中添加操作员。（　　）
3.凭证类别一旦设定就不能修改。（　　）
4.应收与应付账款科目是往来科目，而预收和预付账款科目不是往来科目。（　　）
5.用户自己设置现金、银行存款科目，必须指定现金、银行存款总账科目。（　　）
6.结算方式是系统自动给定的。（　　）
7.一级科目的余额方向只能由系统给定。（　　）
8.会计科目中提供了4种账页格式。（　　）
9.在账务处理环境下，总账和科目余额表的输出格式完全相同。（　　）
10.系统记账时需要的基本信息和辅助信息都在填制凭证时录入。（　　）

二、单项选择题（每题2分，共20分）

1.会计报表的编制不包括（　　）。
A.复制报表　B.采集数据　C.数据加工　D.报表审核
2.在报表系统中，QM（）函数的含义是取（　　）数据。
A.期初余额　B.期末余额　C.借方发生额　D.贷方发生额
3.报表定义包括（　　）定义。
A.报表格式　B.计算公式　C.审核公式　D.以上都包括
4.在用友财务报表中，格式状态下输入内容的单元均默认为（　　）。
A.数值单元　B.表样单元　C.字符单元　D.关键字
5.操作权限管理的实质是（　　）。
A.设置操作员的姓名　B.设置操作员的口令
C.设置操作员的代码　D.设置操作员的权限
6.在编制记账凭证的过程中，如果一张凭证不满足（　　）的原则，计算机会给出错误提示。
A.有借必有贷，借贷必相等　B.凭证日期不等于系统当前日期
C.制单未签字　D.附件数不为零
7.在财务业务一体化管理应用模式下，系统管理为各子系统提供了一个（　　）。
A.公共平台　B.操作系统　C.软件支持　D.人员储备
8.设置报表尺寸是指（　　）。
A.设置报表的行数和列数　B.设置整行的高度或列的宽度
C.设置报表的范围大小　D.设置报表的单位

9.下列各项说法错误的是（　　）。

A.已经使用的科目可以修改编码

B.总账有错的数据不能直接修改

C.已经记账的凭证不能直接修改

D.上月还没有结账，本月能录入凭证

10.报表管理系统编制会计报表和进行有关的财务分析，其数据主要取自（　　）系统。

A.薪资管理　　B.报表管理　　C.成本管理　　D.总账

三、多项选择题（每题2分，共20分）

1.财政部门管理会计电算化的基本任务包括（　　）。

A.研究制定会计电算化发展规划并组织实施

B.制定会计电算化法规制度，对会计核算软件及会计资料符合统一的会计制度情况实施监督

C.促进各单位逐步实现会计电算化，提高会计工作水平

D.组织开展会计电算化人才培训

2.下列各项属于会计数据输出功能基本要求的有（　　）。

A.应当具有对机内会计数据进行查询的功能

B.应当具有对机内会计数据按照规定的会计期间进行结账的功能

C.计算机打印输出的会计账簿中的表格线条可以适当减少

D.对于业务量较少的账户，会计软件可以提供会计账簿的满页打印输出功能

3.薪资管理系统的特点包括（　　）。

A.数据量大

B.业务处理的时限性、准确性要求高

C.业务重复性强，核算方法简单

D.与成本管理系统和总账系统存在数据传递关系

4.下列各项属于手工会计信息系统与电算化会计信息系统共同点的有（　　）。

A.系统目标一致

B.遵循的会计法规、会计准则和会计制度一致

C.信息系统的基本功能一致

D.保存会计档案一致

5.在电算化总账系统中，（　　）状态下的错误凭证可以实现无痕迹修改。

A.已记账　　B.已审核未记账　　C.未审核　　D.审核未通过

6.职工工资中的变动项目是指每月都会发生变化的工资项目，以下一般不会发生变化的工资项目有（　　）。

A.基本工资　　B.交通补贴　　C.加班工资　　D.职务工资

7.凭证一旦保存，（　　）不得再做修改。

A.凭证科目　　B.凭证类别　　C.凭证金额　　D.凭证编号

8.总账系统可以从（　　）模块获取数据。

A.报表管理　　B.存货管理　　C.固定资产管理　　D.薪资管理

9.在用友软件中，填制凭证时输入会计科目的方法有（　　）。

A.输入科目编码　　B.输入科目名称　　C.输入助记码　　D.选择输入

10.下列功能属于固定资产管理系统设置的有（　　）。

A.设置系统功能　　B.设置资产类别

C.设置卡片式样　　D.设置资产使用状况

四、操作题（共40分）

1.新建报表。（8分）

要求：定义表尺寸为5行3列。

将A1：A3整体组成单元。

在A4单元格设置关键字“单位编号”。

完成操作后，将表格以文件名“001.rep”保存。

2.新增1个一级部门，部门编码为“02”，部门名称为“服务部”。（8分）

3.固定资产的减少。（8分）

名称：海尔空调。

减少方式：出售。

日期：2020年1月30日。

清理收入：5 000元，含税，增值税税率13%，现金收入。

未给出的数据使用默认数据。

4.根据以下经济业务资料，以“王会计”的身份填制记账凭证；以“李出纳”的身份对各收付款记账凭证进行出纳签字；以“张主管”的身份对各记账凭证进行审核、记账，并对该账套2020年1月的业务进行结账。（8分）

2020年1月，甲公司发生以下经济业务：

1月15日，销售甲产品，含税货款共计100 000元，增值税税率为13%，货款尚未收取。

1月20日，用现金支票支付含税广告费10 000元，增值税税率为6%，支票号为XJ001。

1月25日，由于产品质量问题，同意客户退回部分商品，不含税货款为10 000元，增值税税率为13%，开出红字增值税专用发票，直接冲减应收账款。

1月28日，销售乙产品，不含税货款共计80 000元，增值税税率为13%，已通过转账支票收取，支票号为ZZ002。

1月31日，计提本月折旧。其中，3 000元计入制造费用，2 000元计入管理费用。

5.根据前面已有资料，结转当期损益。（8分）

模拟测试卷九

一、判断题（每题2分，共20分）

1. 设置部门对应折旧科目时，生产车间办公室的折旧费用应录入“管理费用”科目。（　　）

2. 在客户档案中未填写客户的纳税人识别号，对开具专用发票不会产生影响。（　　）

3. 辅助核算的设置内容主要包括两个方面：一是辅助核算种类；二是具体的核算项目。（　　）

4. 在总账系统中录入科目余额后，能对科目进行增、删、改等操作。（　　）

5. 建立账套时，如果选择“是否按行业预置科目”，则系统会自动建立企业所需的所有会计科目。（　　）

6. 凭证一经审核，就不能直接修改和删除了。（　　）

7. 当固定资产账套设置错误，而系统不允许修改时，只能进行“重新初始化”操作，但账套数据将全部清除。（　　）

8. 可以对客户进行无分类管理，也可以对客户进行分类管理。（　　）

9. 系统初始化的目的是把商品化通用会计软件变成适合本单位使用的专用会计软件。（　　）

10. 录入数量信息时，若数量、单价有一方未录入，系统将根据金额自动计算出数量、单价。（　　）

二、单项选择题（每题2分，共20分）

1. 下列各项中，会计电算化软件在会计数据输入时不会出现提示并拒绝执行的是（　　）。

　A. 记账凭证摘要输入错误
　B. 输入凭证的借贷不平衡
　C. 输入凭证只有借方科目
　D. 输入付款凭证没有“库存现金”或“银行存款”科目

2. 下列各项不属于薪资管理系统功能的是（　　）。

　A. 输入各种工资数据　　B. 工资计算和发放
　C. 工资费用的汇总和分配　　D. 工资成本核算

3. 在成本管理系统中，可直接收集的有关业务管理系统的生产费用数据不包括（　　）。

　A. 工资费用　　B. 折旧费用　　C. 原材料费用　　D. 库存产成品成本

4. 实现电算化后，在会计数据输出时，总分类账可以用总分类账户（　　）及余额对照表替代。

　A. 明细账余额　　B. 累计发生额　　C. 本期发生额　　D. 日记账

5.设置职员档案时，需要在“期初档案录入”窗口设置的内容不包括（　　）。

A.职员编号　B.职员名称　C.职员属性　D.职员情况

6.（　　）系统能够实现各种费用的归集和分配，能及时、准确地计算出产品的总成本和单位成本，并自动编制机制转账凭证供总账系统使用。

A.核算管理　B.销售管理　C.薪资管理　D.成本管理

7.（　　）是指制单时，凭证编号必须按日期顺序排列。

A.制单权限控制　B.制单序时控制　C.资金赤字控制　D.凭证控制

8.UFO报表文件的扩展名是（　　）。

A.“.rep”　B.“.xls”　C.“.exe”　D.“.doc”

9.会计软件要具有最大限度地发现错误并提供必要修改手段的功能，即要具有足够的（　　）功能。

A.初始化　B.输入凭证　C.自动生成凭证　D.检验和防错

10.在填制凭证时，如果涉及项目辅助核算科目，输入的项目是（　　）。

A.项目大类　B.项目分类　C.项目目录　D.项目结构

三、多项选择题（每题2分，共20分）

1.下列各项属于会计信息化核算与手工会计核算相同点的有（　　）。

A.目标一致

B.遵守共同的会计准则和会计制度

C.遵守共同的基本会计理论和会计方法

D.会计数据处理流程一致

2.对初始数据输入功能的基本要求有（　　）。

A.输入会计核算所必需的期初数据　B.输入需要在本期进行对账的未达账项

C.选择会计核算方法　D.定义自动转账凭证

3.（　　）的设置将决定用户单位如何编制基础数据的编号，进而构成分级核算、统计和管理的基础。

A.会计科目　B.凭证编号　C.编码级次　D.各级编码长度

4.在总账系统中，会计科目编码不能用（　　）来表示。

A.字母　B.数字　C.空格　D.符号

5.下列各项中，卡片不能删除的有（　　）。

A.做过一次月末结账

B.做过变动单、评估单的卡片的相应凭证已审核

C.做过变动单、评估单的卡片的相应凭证已删除

D.以上都不对

6.设置系统公用基础信息包括设置编码方案、会计科目、（　　）等。

A.基础档案　B.收付结算信息　C.凭证信息　D.账簿信息

7.在用友报表系统中，下列各项操作中在数据状态下进行的有（　　）。

A.舍位平衡　B.插入表页　C.输入关键字　D.整表重算

8.资产的变动包括（ ）。

A.原值变动 B.部门转移 C.使用状况变动 D.折旧方法调整

9.工资日常业务处理包括（ ）。

A.工资变动 B.工资原始数据输入

C.个人所得税计算 D.工资分摊

10.广义的会计电算化是指与实现电算化有关的所有工作，包括（ ）。

A.会计电算化软件的开发和应用

B.会计电算化人才的培训

C.会计电算化的宏观规划、市场的培育与发展

D.会计电算化的制度建设

四、操作题（共40分）

1.根据下列事项，输入增值税专用发票。（8分）

2020年1月10日，销售部向合肥复富公司销售台灯，数量为50台，无税单价为150元，开出增值税专用发票1张，发票号为B001，增值税税率为13%。

2.根据下列事项，输入增值税专用发票。（8分）

2020年1月14日，销售部向B公司销售桌椅，数量为100套，无税单价为150元，开出增值税专用发票1张，发票号为C004，增值税税率为13%。

3.根据下列事项，填制采购单与相应凭证，并将该凭证设置为采购入库凭证模板。（8分）

2020年1月25日，采购部王强采购钢材一批，数量为20箱，不含税单价为1 800元，适用的增值税税率为13%。

4.根据以下用户和权限资料（见表4-9），为甲公司建立用户，并为用户分配指定的权限。（8分）

表4-9 用户和权限资料

类别	姓名	口令	权限
101	张主管	1	所有权限
102	王会计	2	填制凭证；转账定义；执行自动转账
103	李出纳	3	出纳签字

5.根据下列资料（见表4-10），设置工资的分摊类型，并自动生成工资分摊的记账凭证。（8分）

表4-10 分摊类型及比例

分摊类型	分摊比例	分摊类型	分摊比例
工资	100%	养老保险	20%
福利费	14%	医疗保险	8%
工会经费	2%	失业保险	1.5%
职工教育费	8%	住房公积金	12%

注：除了“工资”类型的其他类型，都是以“应发合计”为计提基数，以录入的百分比作为分摊比例计算相应的费用。

第五部分

会计技能大赛会计信息化全真模拟训练

一、企业背景资料

（一）企业基本情况

企业名称：重庆新科实业有限公司。

企业地址：重庆市江北区红原路138号。

企业主要经营范围：生产销售个性化优盘。

法定代表人：王一发。

联系电话和传真：023-67848888。

统一社会信用代码：91500105MA5U86693U。

企业开户银行：交通银行重庆江北支行。

账号：6578154866548793245。

（二）采用的会计政策和核算方法

1. 会计凭证的处理

采用通用记账凭证，对于已记账凭证的修改只采用红字冲销法；能在业务系统生成的记账凭证不得在总账系统直接录入；根据原始单据生成记账凭证时，除有特殊规定外，不采用合并制单。

2. 薪酬业务的处理

由企业承担并缴纳的养老保险、医疗保险、失业保险、工伤保险、生育保险、住房公积金分别按20%、10%、1%、1%、0.8%、12%的比例计算；由职工个人承担的养老保险、医疗保险、失业保险、住房公积金分别按8%、2%、0.2%、12%的比例计算。按工资总额的2%计提工会经费，按工资总额的8%计提职工教育经费，各类社会保险金当月计提、次月缴纳。按照国家有关规定，企业代扣代缴个人所得税，其费用扣除标准为5 000元，无附加费用；工资分摊采用合并制单；职工福利费按实际发生数列支，不按比例计提。

3. 固定资产业务的处理

企业的固定资产包括房屋及建筑物、机器设备、办公设备和运输设备，均为在用状态；采用平均年限法（一），按月计提折旧；同期增加多个固定资产时，不采用合并制单。

4. 存货业务的处理

存货分类存放并按项目进行核算，所有仓库按实际成本法进行核算，存货出库成本按移动平均法进行核算；存货按业务发生日期逐笔记账并制单（暂估业务除外），同一批出入库业务生成1张记账凭证。

5. 税费的处理

企业为增值税一般纳税人，增值税税率为13%，运费按9%抵扣进项税额；按当期应交增值税的7%计算城市维护建设税、3%计算教育费附加、2%计算地方教育附加。企业所得税采用资产负债表债务法，除应收账款外，假设资产、负债的账面价值与其计税基础一致，未产生暂时性差异，企业所得税的计税依据为应纳税所得额，税率为25%，按月预计，按季预缴，全年汇算清缴。

6.坏账损失的处理

除应收账款外，其他应收款项不计提坏账准备。每季季末，按应收账款余额百分比法计提坏账准备，计提比例为0.5%。

7.月末计算并结转相关税费

损益结转采用账结法，每月月末将各损益类账户余额转入“本年利润”账户，结转时按收入和支出分别生成记账凭证。

二、基本信息

（已知信息不作为考核要求）

（一）建账信息

1.账套信息

账套号：905。

账套名称：重庆新科实业有限公司。

启用日期：2020年11月1日。

2.单位信息

单位名称：重庆新科实业有限公司。

单位简称：新科实业。

统一社会信用代码：91500105MA5U86693U。

3.核算类型

企业类型：工业。

行业性质：2007年会计准则。

账套主管：901。

按行业性质预置科目。

4.基础信息

存货分类，客户分类，供应商不分类。

无外币核算业务。

5.分类编码方案

科目编码级次：4-2-2-2。

部门编码级次：2-2。

收发类别编码级次：1-1-2。

其他采用默认值。

6.数据精度

数据精度定义均采用默认值。

（二）操作员及权限

操作员及权限见表5-1。

（三）系统启用

启用总账管理、固定资产管理、工资管理、购销存管理、核算管理等系统。

启用日期统一为2020年11月1日。

表 5-1　操作员及权限

操作员编码	操作员姓名	工作职责（角色）
901	刘志	账套主管
902	邓天贵	公用目录设置、总账管理、薪资管理、固定资产管理、应收款管理、应付款管理、财务报表管理
903	王刚	公用目录设置、采购管理、销售管理、库存管理、核算管理、应收款管理、应付款管理

（四）基础档案

1. 部门档案

部门档案信息见表 5-2。

表 5-2　部门档案信息

部门编码	部门名称
01	综合部
02	财务部
03	采购部
04	销售部
05	生产部
0501	生产一部
0502	生产二部
06	仓管部

2. 人员类别

人员类别信息见表 5-3。

表 5-3　人员类别信息

分类编码	分类名称
1001	管理人员
1002	行政人员
1003	营销人员
1004	采购人员
1005	生产人员

3. 人员档案

人员档案信息见表 5-4。

表 5-4　　人员档案信息

人员编码	人员姓名	性别	行政部门	人员类别	岗位
001	王刚	男	综合部	管理人员	业务经理
002	张小瑜	女	综合部	行政人员	文员
003	刘志	男	财务部	管理人员	财务经理兼会计
004	邓天贵	男	财务部	行政人员	出纳
005	范继聚	男	采购部	采购人员	采购经理兼采购员
006	朱千	男	采购部	采购人员	采购员
007	钱富武	男	销售部	营销人员	销售经理兼销售员
008	龚元才	男	销售部	营销人员	销售员
009	何星振	男	生产一部	管理人员	生产部经理兼生产一部主管
010	蒋天振	男	生产一部	生产人员	生产工人
011	韩娅	女	生产二部	管理人员	生产二部主管
012	方富玄	男	生产二部	生产人员	生产工人
013	陈茵	女	仓管部	管理人员	仓管部主管兼库管员

4. 地区分类

地区分类信息见表 5-5。

表 5-5　　地区分类信息

地区分类	分类名称
01	北方
02	南方

5. 客户分类

客户分类信息见表 5-6。

表 5-6　　客户分类信息

分类编码	分类名称
01	批发商
02	代理商
03	零散客户

6. 客户档案

客户档案信息见表 5-7。

表 5-7　客户档案信息

客户编码	客户名称/简称	所属分类码	所属地区	分管部门	分管业务员
001	北京安道公司	01	01	销售部	钱富武
002	天津恒达公司	01	01	销售部	龚元才
003	深圳广联公司	02	02	销售部	钱富武
004	广州财富公司	02	02	销售部	龚元才
005	零散客户	03	01		

7.供应商档案

供应商档案信息见表5-8。

表 5-8　供应商档案信息

供应商编码	供应商名称/简称	所属地区	分管部门	分管业务员
01	广发公司	01	采购部	范继聚
02	凯越公司	02	采购部	朱千
03	富祥公司	01	采购部	范继聚

8.存货分类及存货档案

（1）计量单位

计量单位信息见表5-9。

表 5-9　计量单位信息

计量单位	辅计量单位	换算率
个	件	100

（2）存货分类及存货档案

存货分类及存货档案信息见表5-10。

表 5-10　存货分类及存货档案信息

存货分类	存货编码	存货名称	计量单位	属性	税率（%）
01原材料	0001	主控芯片	个	外购、生产耗用	13
	0002	储存芯片	个	外购、生产耗用	13
	0003	外壳	个	外购、生产耗用	13
	0004	外盖	个	外购、生产耗用	13
02半成品类	001	优盘模组	个	自制、生产耗用	13
03成品类	01	32G优盘	个	自制、销售	13
	02	64G优盘	个	自制、销售	13
	03	128G优盘	个	自制、销售	13
04劳务类	YS001	运输费	元	外购、劳务费用	9

9.结算方式

结算方式信息见表5-11。

表5-11　结算方式信息

编号	结算名称
1	现金支票
2	转账支票
3	商业承兑汇票
4	银行承兑汇票
5	网银转账
9	其他

10.银行档案

银行编码：01。

银行名称：交通银行。

账号长度：19位。

11.本单位开户银行

开户银行信息见表5-12。

表5-12　开户银行信息

编号	银行账号	开户银行
001	6578154866548793245	交通银行重庆江北支行

12.项目大类及分类

（1）项目大类

项目大类信息见表5-13。

表5-13　项目大类信息

项目大类名称	项目分类	核算科目
优盘成本核算	1 无分类	库存商品/优盘、生产成本/人工费、生产成本/材料费、生产成本/制造费用、主营业务收入/优盘业务收入、主营业务成本/优盘业务成本

（2）项目目录

项目目录信息见表5-14。

表5-14　项目目录信息

项目编码	项目名称	是否结算	所属分类码
001	32G优盘	否	1
002	64G优盘	否	1
003	128G优盘	否	1

13.凭证类别

采用记账凭证方式。

14.仓库档案

仓库档案信息见表5-15。

表5-15　仓库档案信息

仓库编码	仓库名称	计价方式	是否货位管理
01	原材料仓	移动平均法	否
02	半成品仓	移动平均法	否
03	产成品仓	移动平均法	是

15.货位档案

货位档案信息见表5-16。

表5-16　货位档案信息

货位编码	货位名称	所属仓库
1	A货位	产成品仓
2	B货位	产成品仓
3	C货位	产成品仓
4	D货位	产成品仓

16.收发类别

收发类别信息见表5-17。

表5-17　收发类别信息

一级编码及名称	二级编码及名称
1入库	原有的默认
	17采购退货
	18盘盈入库
	19调拨入库
2出库	原有的默认
	26销售退货
	27盘亏出库
	28调拨出库

17.采购类型和销售类型

采购类型和销售类型见表5-18。

表5-18 采购类型和销售类型

	名称	出入库类别		名称	出入库类别
采购类型	01厂家进货	采购入库	销售类型	01批发零售	销售出库
	02代理商进货	采购入库		02销售退回	销售退货
	03采购退回	采购退货			

18.费用项目

费用项目信息见表5-19。

表5-19 费用项目信息

费用项目编码	费用项目名称
01	运输费
04	业务招待费

19.单据格式

在以下单据格式中增加件数、换算率等栏目：采购订单、采购入库单、材料出库单、销售订单、销售发货单、库存期初。

在以下单据格式中增加货位、货位名称等栏目：产成品入库单、销售出库单。

在以下单据格式中减少表头、表体自定义栏目：库存期初。

（五）各模块系统参数设置

1.固定资产管理系统

（1）控制参数

控制参数信息见表5-20。

表5-20 控制参数信息

控制参数	参数设置
折旧信息	本账套计提折旧 折旧方法：平均年限法（一） 折旧汇总分配周期：1个月 当“月初已计提月份=可使用月份-1”时，将剩余折旧全部提足
编码方式	资产类别编码方式：2112 固定资产编码方式：按“类别编码+部门编码+序号”自动编码 卡片序号长度：3
财务接口	与账务系统进行对账 固定资产对账科目：1601固定资产 累计折旧对账科目：1602累计折旧
补充参数	业务发生后立即制单 月末结账前一定要完成制单登账业务 固定资产默认入账科目：1601 累计折旧默认入账科目：1602

（2）资产类别

资产类别信息见表5-21。

表5-21　资产类别信息

类别编码	类别名称	使用年限	净残值率	计提属性	折旧方法	卡片样式
01	房屋及建筑物	30年	2%	正常计提	平均年限法（一）	通用样式
011	行政楼	30年	2%	正常计提	平均年限法（一）	通用样式
012	厂房	30年	2%	正常计提	平均年限法（一）	通用样式
02	机器设备	10年	3%	正常计提	平均年限法（一）	通用样式
03	运输设备	6年	4%	正常计提	平均年限法（一）	通用样式
04	办公设备	5年	3%	正常计提	平均年限法（一）	通用样式

（3）部门及对应折旧科目

部门及对应折旧科目信息见表5-22。

表5-22　部门及对应折旧科目信息

部门	对应折旧科目
综合部、财务部、采购部、仓管部	管理费用/折旧费
销售部	销售费用/折旧费
生产一部、生产二部	制造费用/折旧费

（4）增减方式及对应入账科目

增减方式及对应入账科目信息见表5-23。

表5-23　增减方式及对应入账科目信息

增加方式	对应入账科目	减少方式	对应入账科目
直接购入	银行存款：交行重庆江北支行	出售	固定资产清理
投资者投入	实收资本	捐赠转出	固定资产清理
在建工程转入	在建工程		

2.薪资管理系统

（1）工资类别

工资类别信息见表5-24。

表5-24　工资类别信息

类别编码	类别名称	部门
001	在职人员	所有部门
002	退休人员	综合部

（2）从工资中代扣个人所得税

（3）“在职人员”需要增加的工资项目

“在职人员”需要增加的工资项目见表5-25。

表5-25 “在职人员”需要增加的工资项目

工资项目名称	类型	长度	小数位数	增减项
基本工资	数值	8	2	增项
职务补贴	数值	8	2	增项
津贴	数值	8	2	增项
交通补贴	数值	8	2	增项
医疗保险	数值	8	2	减项
养老保险	数值	8	2	减项
失业保险	数值	8	2	减项
住房公积金	数值	8	2	减项
缺勤扣款	数值	8	2	减项
缺勤天数	数值	8	2	其他
个税专项附加扣除额	数值	8	2	其他
计税基础	数值	8	2	其他
工资分摊基数	数值	8	2	其他

（4）银行名称

银行名称为“交通银行”。账号长度为19位，录入时自动带出的账号长度为8位。

（5）在职人员档案

在职人员档案信息见表5-26。

表5-26 在职人员档案信息

人员编号	人员姓名	性别	行政部门	人员类别	银行账号
001	王刚	男	综合部	管理人员	6222000002312464001
002	张小瑜	女	综合部	行政人员	6222000002312464002
003	刘志	男	财务部	管理人员	6222000002312464003
004	邓天贵	男	财务部	行政人员	6222000002312464004
005	范继聚	男	采购部	采购人员	6222000002312464005
006	朱千	男	采购部	采购人员	6222000002312464006
007	钱富武	男	销售部	营销人员	6222000002312464007
008	龚元才	男	销售部	营销人员	6222000002312464008
009	何星振	男	生产一部	管理人员	6222000002312464009
010	蒋天振	男	生产一部	生产人员	6222000002312464010
011	韩娅	女	生产二部	管理人员	6222000002312464011
012	方富玄	男	生产二部	生产人员	6222000002312464012
013	陈茵	女	仓管部	管理人员	6222000002312464013

3.设置采购管理系统参数

（1）采购入库单价和数量允许超过采购订单。

（2）专用发票默认税率为13%。

4.设置库存管理系统参数

（1）有组装拆卸业务。

（2）有批次管理。

（3）由库存生成销售出库单。

（4）允许零出库。

（5）自动带出领料数量。

（6）有最高、最低库存控制。

5.设置核算系统参数

（1）核算方式：按仓库核算。

（2）暂估方式：单到回冲。

（3）销售成本核算方式：按销售发票。

（4）零出库成本：手工输入。

（5）存货科目设置。

存货科目信息见表5-27。

表5-27 存货科目信息

仓库名称	存货科目
原材料仓	原材料
半成品仓	原材料
产成品仓	库存商品/优盘

（6）供应商往来科目设置

①基本科目设置：

应付科目：应付账款。

预付科目：预付账款。

采购科目：在途物资。

采购税费科目：应交增值税/进项税额。

②结算方式科目设置：

现金支票、转账支票科目：银行存款。

（7）客户往来科目设置

①基本科目设置：

应收科目：应收账款。

预收科目：预收账款。

销售收入科目：主营业务收入。

销售税费科目：应交增值税/销项税额。

②结算方式科目设置：

现金支票、转账支票科目：银行存款。

6. 销售管理系统参数

（1）无外币业务

（2）发货单/发票排序选项

按单据号。

（3）报价不含税

三、期初余额

（根据下列材料，完成相关操作，共55分）

（一）总账期初余额

总账期初余额见表5-28。

表5-28 总账期初余额

类型	科目名称	辅助账类型	余额方向	期初余额（元）
资产类	库存现金	日记账	借	8 800
资产类	银行存款		借	327 520
	交通银行重庆江北支行	银行账、日记账	借	327 520
资产类	应收票据	客户往来（不受控）	借	
资产类	应收账款	客户往来	借	121 680
资产类	其他应收款	个人往来	借	
资产类	预付账款	供应商往来	借	
资产类	原材料		借	42 900
资产类	库存商品		借	512 500
	优盘	项目核算	借	512 500
资产类	固定资产		借	810 000
负债类	短期借款		贷	300 000
	交通银行重庆江北支行		贷	300 000
负债类	应付票据	供应商往来（不受控）	贷	
负债类	应付账款	供应商往来	贷	23 400
负债类	应付账款	供应商往来	贷	23 400
负债类	暂估材料款	供应商往来（不受控）	贷	

续表

类型	科目名称	辅助账类型	余额方向	期初余额（元）
负债类	预收账款	客户往来	贷	
所有者权益类	实收资本		贷	1 500 000
成本类	生产成本		借	
	人工费	项目核算	借	
	材料费	项目核算	借	
	制造费用	项目核算	借	
成本类	制造费用		借	
	折旧费用		借	
	工资		借	
损益类	主营业务收入		贷	
	优盘业务收入	项目核算	贷	
损益类	主营业务成本		借	
	优盘业务成本	项目核算	借	
损益类	销售费用		借	
	折旧费	部门核算	借	
	工资	部门核算	借	
	广告费	部门核算	借	
	差旅费	部门核算	借	
损益类	管理费用		借	
	折旧费	部门核算	借	
	工资	部门核算	借	
	办公费	部门核算	借	
	修理费	部门核算	借	

（二）应收账款期初余额

应收账款期初余额见表5-29。

表5-29 应收账款期初余额

客户名称	单据日期	存货名称	单价（元）	数量（个）	税额（元）	含税金额（元）
天津恒达公司	2020-10-17	128G优盘	165.66	500	10 768.14	93 600
深圳广联公司	2020-10-22	64G优盘	82.83	300	3 230.44	28 080

（三）应付账款期初余额

应付账款期初余额见表5-30。

表5-30 应付账款期初余额

供应商名称	单据日期	存货名称	单价（元）	数量（个）	税额（元）	含税金额（元）
广发公司	2020-10-18	储存芯片	10.35	2 000	2 692.04	23 400

（四）固定资产原始卡片

固定资产原始卡片信息见表5-31。

表5-31 固定资产原始卡片信息

卡片编号	001	002	003	004	005	006
固定资产编号	01101001	0120501001	0120501002	0402001	0402002	0404001
固定资产名称	1号楼	2号楼	3号楼	电脑	打印机	轿车
类别编号	011	012	012	04	04	04
类别名称	行政楼	厂房	厂房	办公设备	办公设备	运输设备
部门名称	综合部	生产一部	生产二部	财务部	财务部	销售部
增加方式	在建工程转入	在建工程转入	在建工程转入	直接购入	直接购入	直接购入
使用状况	在用	在用	在用	在用	在用	在用
使用年限	30年	30年	30年	5年	5年	6年
折旧方法	平均年限法（一）	平均年限法（一）	平均年限法（一）	平均年限法（一）	平均年限法（一）	平均年限法（一）
开始使用日期	2020-10-08	2020-10-08	2020-10-08	2020-10-08	2020-10-08	2020-10-08
币种	人民币	人民币	人民币	人民币	人民币	人民币
原值（元）	300 000	200 000	200 000	8 000	2 000	100 000
净残值率	2%	2%	2%	3%	3%	4%
累计折旧	0	0	0	0	0	0
对应折旧科目	管理费用/折旧费	制造费用/折旧费	制造费用/折旧费	管理费用/折旧费	管理费用/折旧费	销售费用/折旧费

（五）销售管理系统期初数

销售管理系统期初数见表5-29。

（六）采购管理系统期初数

采购管理系统期初数见表5-30。

（七）库存管理系统、核算管理系统期初数

库存管理系统、核算管理系统期初数见表5-32。

表5-32　库存管理系统、核算管理系统期初数

仓库名称	存货编码	存货名称	数量（个）	件数（件）	货位名称	单价（元）	金额（元）
原材料仓	0001	主控芯片	1 500	15		5	7 500
原材料仓	0002	储存芯片	2 100	21		10	21 000
原材料仓	0003	外壳	2 700	27		2	5 400
原材料仓	0004	外盖	3 000	30		1	3 000
半成品仓	001	优盘模组	400	4		15	6 000
产成品仓	01	32G优盘	2 500	25	A货位	25	62 500
产成品仓	02	64G优盘	3 000	30	B货位	50	150 000
产成品仓	03	128G优盘	3 000	30	C货位	100	300 000
合计							555 400

四、企业日常业务及期末业务

（根据下列材料，完成相关操作，共345分）

1.11月1日，销售员钱富武借差旅费，财务部付现金2 000元。相关票据见图5-1。

借　款　单

2020年11月01日　　第0001号

借款部门	销售部	姓名	钱富武	事由	预借差旅费
借款金额（大写）	零万贰仟零佰零拾零元零角零分　　¥ 2 000.00				
部门负责人签署	同意　钱武富印	借款人签章	钱武富印	注意事项	一、凡借用公款必须使用本单 二、出差返回后三天内结算 现金付讫
单位领导批示	同意　王一发	财务经理审核意见	同意　刘志		

图5-1　借款单

2. 11月1日，本公司购进联想电脑4台，单价为4 000元。电脑由生产一部投入使用，款项用交通银行重庆江北支行转账支票支付。相关票据见图5-2至图5-4。

重庆增值税专用发票　　№ 60972952

5000164130　　发　票　联　　开票日期：2020年11月01日

购买方	名　　称：重庆新科实业有限公司 纳税人识别号：91500105MA5086693U 地 址 、电 话：重庆市江北区红原路138号023-6784888 开户行及账号：交通银行重庆江北支行6578154866548793245	密码区	3-65745<19458<3840481 75/37503848*7>+>-2//5 >*8574567-7<8*873/+<4 13-3001152-/>7142>>8- 加密版本：01 1100082140 60872952

货物或应税劳务、服务名称	规格型号	单位	数量	单价	金额	税率	税额
联想电脑		台	4	4 000	16 000.00	13%	2 080.00
合　计					¥16 000.00		¥2 080.00
价税合计(大写)	⊗壹万捌仟零捌拾元整				(小写) ¥18 080.00		

销售单位	名　　称：重庆泰鑫电脑城 纳税人识别号：91500103327819915A 地 址 、电 话：重庆市江北区观音桥泰鑫电脑023-67724586 开户行及账号：中国建设银行重庆江北支行6224002158468124569	备注	重庆泰鑫电脑城 91500103327819915A 发票专用章

收款人：张小梅　　复核：李呈　　开票人：张小梅　　销售方（章）

第三联：发票联　购买方记账凭证

图5-2　增值税专用发票

固定资产验收单

2020年11月01日　　编号：20201101

名称	规格型号	来源	数量	购（造）价	使用年限	预计残值
联想电脑		购入	4台	4 000.00元	5年	120.00元
安装费	同折旧率	建造单位		交工日期	附件	
无	1.62%	无		2020年11月01日	无	
验收部门	生产一部	验收人员	何星振	管理部门	生产一部	管理人员 何星振
备注						

审核：何星振　　制单：朱千

图5-3　固定资产验收单

交通银行
转账支票存根
30109320
00023328

附加信息

出票日期2020年11月01日

收款人：	重庆泰鑫电脑城
金　额：	18 080.00
用　途：	购买电脑

单位主管　王一发　　会计　刘志

图5-4　转账支票存根

3.11月1日，采购部范继聚向供货商富祥公司订购主控芯片50件（共计5 000个），单价为5元，计划到货期为11月5日。相关票据见图5-5。

购销合同

购方：重庆新科实业有限公司　　合同编号：202011001

销方：天津市富祥有限责任公司　　签订地点：重庆市江北区红原路138号

供需双方本着互利互惠、长期合作的原则，根据《中华人民共和国合同法》及双方的实际情况，就需方向供方采购事宜，订立本合同，以使双方在合同履行中共同遵守。

一、产品名称、数量、单价、金额：

产品名称	规格型号	计量单位	数量	单价（元）	金额（元）	备注
主控芯片		个	5 000	5.00	25 000.00	
合计					25 000.00	
合计人民币（大写）：贰万伍仟元整						

二、质量技术标准：供方对质量负责的条件和期限按合同企业标准。

三、交（提）货地点、方式：卖方代发货至重庆市江北区红原路138号。

四、付款时间与付款方式：11月3日预付10 000.00元货款，余款在收到发票及货物验收合格后30日内支付。

五、运输方式及到达站港和费用负担：买方承担运费，卖方代垫运费。

六、合理损耗及计算方法：以实际数量验收。

七、包装标准、包装物的供应与回收：普通包装，不回收包装物。

八、验收标准、方法及提出异议期限：货到后需方可在7天内提出质量异议，不包括运输过程中造成的质量问题。

九、违约责任：按《合同法》。

十、解决合同纠纷的方式：双方协商解决。

十一、其他约定事项：本合同一式两份，需、供双方各一份，经双方盖章后即生效。

购方（盖章）：重庆新科实业有限公司
单位地址：重庆市江北区红原路138号
电　　话：023-6784888
签订日期：2020.11.01
开户银行：交通银行重庆江北支行
账　　号：6578154866548793245

销方（盖章）：天津市富祥有限责任公司
单位地址：天津市滨海新区滨江路578号
电　　话：13847856548
签订日期：2020.11.01
开户银行：中国工商银行天津滨海支行
账　　号：6222024785478962546

图5-5 购销合同

4.11月2日，广州财富公司向本公司对64G优盘进行询价，要求采购数量为20件（共计2 000个），销售部龚元才对其报价100元/个。相关票据见图5-6。

报 价 单

报价单位：重庆新科实业有限公司			联系人：龚元才			联系电话：023-67848888	
客户名称：广州财富有限责任公司					报价日期：2020-11-02		
请将以下报价作为参考，如有任何问题请与我们联络							
序号	产品名称	产品类型	规格	数量（个）	单价（元）	金额（元）	备注
1	64G优盘			2 000	100.00	200 000.00	
2							
3							
4							
合计小写	200 000.00		合计人民币金额（大写）	贰拾万元整			
备注：	1	本报价单有效期限30天，供货期：7天以内					
	2	交货地址：代发货至客户公司					
	3	货运方式：代发物流或其他					
	4	付款方式：均可					
	5	报价单内容请确认签名					

报价人：龚元才　　　　审批：钱富武

图5-6　报价单

5.11月2日，生产一部在原材料仓中领用材料。相关票据见图5-7。

领　料　单

领料部门：生产一部

用　　途：生产64G优盘　　　　2020年11月02日　　　　第0001号

材料			单位	数量		成本									
						单价	总价								
编号	名称	规格		请领	实发		百	十	万	千	百	十	元	角	分
	主控芯片		件	5	5										
	储存芯片		件	10	10										
	外壳		件	6	6										
	外盖		件	6	6										
合计				27	27										

会计联

部门经理：何星振　　会计：刘志　　仓库：陈茵　　经办人：蒋天振

图5-7　领料单

6.11月3日，采购部范继聚向本公司财务部申请10 000元用于预付富祥公司的原料采购款，经总经理同意后，财务部开具交通银行转账支票1张，金额为10 000元。相关票据见图5-8至图5-9。

付款申请书

2020年11月03日

用途及情况	金额											收款单位（人）：天津市富祥有限责任公司
预付富祥公司货款	亿	千	百	十	万	千	百	十	元	角	分	账　号：6222024785478962546
				¥	1	0	0	0	0	0	0	开户行：中国工商银行天津滨海支行

金额（大写）合计：	人民币壹万元整	电汇：☐ 信汇：☐ 汇票：☐ 转账：☑ 其他：☐			
总经理	王一发	财务部门	经理 / 会计：刘志	业务部门	经理 / 经办人：范继聚

图5-8　付款申请书

交通银行

转账支票存根

30109320

00023329

附加信息

出票日期2020年11月03日

收款人：	天津市富祥有限责任公司
金　额：	10 000.00
用　途：	预付货款

单位主管　王一发　　会计　刘志

图5-9　转账支票存根

7.11月5日，收到富祥公司发来的主控芯片，有关货物的增值税专用发票1张，有关运费的增值税专用发票1张，运输费为500元。经检验，主控芯片质量全部合格，但数量少5个（属于合理损耗范围），办理入库手续。相关票据见图5-10至图5-12。

8.11月5日，生产二部领用1 000个128G优盘的原料，材料从原料仓发出。相关票据见图5-13。

9.11月10日，直接向广发公司购买主控芯片50件（共计5 000个）、外盖20件（共计2 000个）、外壳20件（共计2 000个）。货物已入原材料仓，对方单位尚未开具发票。相关票据见图5-14至图5-15。

天津增值税专用发票　　№ 54876487

1200164130　　发　票　联　　开票日期：2020年11月05日

购买方	名　　称：重庆新科实业有限公司 纳税人识别号：91500105MA5086693U 地 址 、电 话：重庆市江北区红原路138号023-6784888 开户行及账号：交通银行重庆江北支行6578154866548793245	密码区	3-65745<19458<3840481 75/457821545+>+>-2//5　　加密版本：01 54511+-/>5545++/64645　　54876487 54879+78451<++-54554

货物或应税劳务、服务名称	规格型号	单位	数量	单价	金额	税率	税额
主控芯片		个	5 000	5.00	25 000.00	13%	3 250.00
合　计					￥25 000.00		￥3 250.00
价税合计(大写)	⊗贰万捌仟贰佰伍拾元整						（小写）￥28 250.00

销售单位	名　　称：天津市富祥有限责任公司 纳税人识别号：91258798745600174B 地 址 、电 话：天津市滨海新区滨江路578号13847856548 开户行及账号：中国工商银行天津滨海支行622202478962546	备注	

收款人：陈凤　　复核：张丽　　开票人：陈凤　　销售方（章）

第三联：发票联　购买方记账凭证

图5-10　增值税专用发票

天津增值税专用发票　　№ 54879874

1200164130　　发　票　联　　开票日期：2020年11月05日

购买方	名　　称：重庆新科实业有限公司 纳税人识别号：91500105MA5086693U 地 址 、电 话：重庆市江北区红原路138号023-6784888 开户行及账号：交通银行重庆江北支行6578154866548793245	密码区	30821414--720/<811/3　　加密版本：01 77<<45 8-4<0/03017/>/　　1100082140 17>4968 7 >0>1>4-10<　　54879874

货物或应税劳务、服务名称	规格型号	单位	数量	单价	金额	税率	税额
运输费		元	1	500.00	500.00	9%	45.00
合　计					￥500.00		￥45.00
价税合计(大写)	⊗伍佰肆拾伍元整						（小写）￥545.00

销售单位	名　　称：天津市昌泰物流有限公司 纳税人识别号：91258798875496451C 地 址 、电 话：天津市滨海新区滨江路846号15687459547 开户行及账号：中国工商银行天津滨海支行6222024787457896548	备注	

收款人：李丹　　复核：王凯　　开票人：李丹　　销售方（章）

第三联：发票联　购买方记账凭证

图5-11　增值税专用发票

入 库 单

2020年11月05日　　单号 0001

交来单位及部门	富祥公司	发票号码或生产单号码	54876487	验收仓库	原材料仓	入库日期	2020.11.05

编号	名称及规格	单位	数量		实际价格（元）		计划价格（元）		价格差异（元）
			交库	实收	单价	金额	单价	金额	
	主控芯片	个	5 000	4 995					
合　计									

会计联

部门经理：何星振　　会计：刘志　　仓库：陈茵　　经办人：朱千

图5-12 入库单

领 料 单

领料部门：生产二部

用　　途：生产128G优盘　　2020年11月05日　　第0002号

材料			单位	数量		成本										
						单价	总价									
编号	名称	规格		请领	实发		百	十	万	千	百	十	元	角	分
	主控芯片		件	2	2										
	储存芯片		件	6	6										
	外壳		件	1	1										
	外盖		件	1	1										
合计				10	10										

会计联

部门经理：何星振　　会计：刘志　　仓库：陈茵　　经办人：方富玄

图5-13 领料单

购销合同

购方：重庆新科实业有限公司　　　　合同编号：202011002

销方：广州广安有限责任公司　　　　签订地点：重庆市江北区红原路138号

供需双方本着互利互惠、长期合作的原则，根据《中华人民共和国合同法》及双方的实际情况，就需方向供方采购事宜，订立本合同，以使双方在合同履行中共同遵守。

一、产品名称、数量、单价、金额：

产品名称	规格型号	计量单位	数量	单价（元）	金额（元）	备注
主控芯片		个	5 000	5.00	25 000.00	
外壳		个	2 000	2.00	4 000.00	
外盖		个	2 000	1.00	2 000.00	
合计					31 000.00	
合计人民币（大写）：叁万壹仟元整						

二、质量技术标准：供方对质量负责的条件和期限按合同企业标准。

三、交（提）货地点、方式：卖方发货至重庆市江北区红原路138号。

四、付款时间与付款方式：收到发票及货物验收合格后30日内付款。

五、运输方式及到达站港和费用负担：买方承担运费，卖方代垫运费。

六、合理损耗及计算方法：以实际数量验收。

七、包装标准、包装物的供应与回收：普通包装，不回收包装物。

八、验收标准、方法及提出异议期限：货到后需方可在7天内提出质量异议，不包括运输过程中造成的质量问题。

九、违约责任：按《合同法》。

十、解决合同纠纷的方式：双方协商解决。

十一、其他约定事项：本合同一式两份，需、供双方各一份，经双方盖章后即生效。

购方（盖章）：重庆新科实业有限公司
单位地址：重庆市江北区红原路138号
电　　话：023-6784888
签订日期：2020.11.10
开户银行：交通银行重庆江北支行
账　　号：6578154866548793245

销方（盖章）：广州广安有限责任公司
单位地址：广州市中山一路21号
电　　话：020-58761548
签订日期：2020.11.10
开户银行：中国建设银行广州分行
账　　号：6221870248074504684

图5-14　购销合同

入　库　单

2020年11月10日　　　　单号 0002

交来单位及部门	广州广发有限责任公司	发票号码或生产单号码		验收仓库	原材料仓	入库日期	2020.11.10

编号	名称及规格	单位	数量		实际价格（元）		计划价格（元）		价格差异（元）
			交库	实收	单价	金额	单价	金额	
	主控芯片	个	5 000	5 000					
	外壳	个	2 000	2 000					
	外盖	个	2 000	2 000					
合　计									

会计联

部门经理：何星振　　会计：刘志　　仓库：陈菌　　经办人：朱千

图5-15　入库单

10.11月 10日，提取现金5 000元备用。相关票据见图5-16。

交通银行

转账支票存根

30109310

00023328

附加信息

出票日期2020年11月10日

收款人：重庆新科实业有限公司
金　额：5 000.00
用　途：备用金

单位主管　王一发　　会计　刘志

重庆新科实……财务专……

图5-16　现金支票存根

11.11月 12日，收到天津恒达公司转账支票1张，面值93 600元，用于支付前欠货款。相关票据见图5-17。

12.11月 14日，销售部以交通银行存款支付产品广告宣传费10 000元。相关票据见图5-18至图5-19。

交通银行 进账单 （收账通知） **3**

2020年11月12日

出票人	全　称	天津恒达有限责任公司	收款人	全　称	重庆新科实业有限公司
	账　号	62002100876051028059		账　号	6578154866548793245
	开户银行	中国银行天津滨海支行		开户银行	交通银行重庆江北支行
金额	人民币（大写）	玖万叁仟陆佰元整		亿千百十万千百十元角分	￥9360000
票据种类		票据张数			
票据号码					
	复核	记账		收款人开户银行签章	

交通银行江北支行 业务办讫章

此联是收款人开户银行交给收款人的收账通知

图5-17 进账单

重庆增值税专用发票 № 64871025

5000164130　　发票联（全国统一发票监制章 重庆市 国家税务总局监制）　　开票日期：2020年11月14日

购买方	名称：重庆新科实业有限公司 纳税人识别号：91500105MA5086693U 地址、电话：重庆市江北区红原路138号023-6784888 开户行及账号：交通银行重庆江北支行6578154866548793245			密码区	160<</<115<42974>5442 59-<6>047 87>/>54/-3/ 74 4<56>3487-7/3695 3	加密版本：01 60871025	
货物或应税劳务、服务名称	规格型号	单位	数量	单价	金额	税率	税额
广告费		元	1	10 000.00	10 000.00	6%	600.00
合计					￥10 000.00		￥600.00
价税合计（大写）	⊗壹万零陆佰元整				（小写）￥10 600.00		
销售方	名称：重庆天地广告有限公司 纳税人识别号：91500222687932450D 地址、电话：重庆市江北区观音桥朗晴广场32-11号023-67608932 开户行及账号：中国工商银行重庆江北支行6222023100045487962			备注	重庆天地广告有限公司 91500222687932450D 发票专用章		

收款人：陈艳　　复核：刘奇　　开票人：陈艳　　销售方（章）

第三联：发票联 购买方记账凭证

图5-18 增值税专用发票

13.11月14日，天津恒达公司采购128G优盘20件（共计2 000个），已发货，分批开票，财务第一次开具的发票内容为：数量1 000个，金额160元/个。对方收到发票后，用商业承兑汇票全额支付了第一次货款。相关票据见图5-20至图5-23。

交通银行
转账支票存根
30109320
00023331

附加信息

出票日期 2020年11月14日

收款人：	重庆天地广告有限公司
金　额：	10 600.00
用　途：	广告费

单位主管　王一安　　会计　刘志

图5-19　转账支票存根

购销合同

购方：天津恒达有限责任公司　　合同编号：202011001
销方：重庆新科实业有限公司　　签订地点：重庆市江北区红康路138号

供需双方本着互利互惠、长期合作的原则，根据《中华人民共和国合同法》及双方的实际情况，就需方向供方采购事宜，订立本合同，以使双方在合同履行中共同遵守。

一、产品名称、数量、单价、金额：

产品名称	规格型号	计量单位	数量	单价（元）	金额（元）	备注
128G优盘		个	2 000	160.00	320 000.00	
合计					320 000.00	
合计人民币（大写）：叁拾贰万元整						

二、质量要标技术标准：供方对质量负责的条件和期限按合同企业标准。

三、交（提）货地点、方式：卖方发货至天津市滨海新区滨江路3号。

四、付款时间与付款方式：按买方要求分批开票及收款，买方收到发票及货物验收合格后30日内付款。

五、运输方式及到达站港和费用负担：买方承担运费，卖方代垫运费。

六、合理损耗及计算方法：以实际数量验收。

七、包装标准、包装物的供应与回收：普通包装，不回收包装物。

八、验收标准、方法及提出异议期限：货到后需方可在7天内提出质量异议。不包括运输过程中造成的质量问题。

九、违约责任：按《合同法》。

十、解决合同纠纷的方式：双方协商解决。

十一、其他约定事项：本合同一式两份，需、供双方各一份，经双方盖章后即生效。

购方（盖章）：天津恒达有限责任公司
单位地址：天津市滨海新区滨江路3号
电　　话：022-67689874
签订日期：2020.11.14
开户银行：中国银行天津滨海支行
账　　号：6200210087605128059

销方（盖章）：重庆新科实业有限公司
单位地址：重庆市江北区红康路138号
电　　话：023-67848888
签订日期：2020.11.14
开户银行：交通银行重庆江北支行
账　　号：6578154866548793245

图5-20　购销合同

出　库　单

出货单位：重庆新科实业有限公司　　2020年11月14日　　单号 0001

提货单位或领货部门	天津恒达有限责任公司	销售单号	X202011001	发出仓库	产成品仓	出库日期	2020.11.14

编号	名称及规格	单位	数量：应发	数量：实发	单价(元)	金额(元)
	128G优盘	个	2 000	2 000		
合计			2 000	2 000		

会计联

部门经理：钱富武　　会计：刘志　　仓库：陈茵　　经办人：龚元才

图5-21　出库单

重庆增值税专用发票

№ 38791268

5000164130　　记　账　联　　开票日期：2020年11月14日

全国统一发票监制章　重庆市　国家税务总局监制

购买方	名称：天津恒达有限责任公司 纳税人识别号：912587987645874O5E 地址、电话：天津市滨海新区滨江路3号022-67687874 开户行及账号：中国银行天津滨海支行6200210087605128059	密码区	95-2120843>33>-41<9 5647 65285-377069014 85--1>148<933-309664	加密版本：01 38791268

货物或应税劳务、服务名称	规格型号	单位	数量	单价	金额	税率	税额
128G优盘		个	1 000	160.00	160 000.00	13%	20 800.00
合计					¥160 000.00		¥20 800.00
价税合计(大写)	⊗壹拾捌万零捌佰元整				（小写）¥180 800.00		

销货单位	名称：重庆新科实业有限公司 纳税人识别号：91500105MA5U86693U 地址、电话：重庆市江北区红原路138号023-6784888 开户行及账号：交通银行重庆江北支行6578154866548793245	备注	重庆新科实业有限公司 91500105MA5U86693U 发票专用章

第一联：记账联　销售方记账凭证

收款人：邓天贵　　复核：刘志　　开票人：邓天贵　　销售方（章）

图5-22　增值税专用发票

商业承兑汇票 2

出票日期 贰零贰零 年 壹拾壹 月 零壹 日
(大写)

付款人	全　　称	天津恒达有限责任公司	收款人	全　　称	重庆新科实业有限公司
	账　　号	6200210087605128059		账　　号	6578154866548793245
	开户银行	中国银行天津滨海支行		开户银行	交通银行重庆江北支行
出票金额	人民币(大写)	壹拾捌万零捌佰元整		亿千百十万千百十元角分	¥18080000
汇票到期日(大写)	贰零贰壹年伍月叁拾日		付款人开户行	行号	22012540
交易合同号码	202011001			地址	天津市滨海新区滨江路68号
本汇票已经承兑，到期无条件付款 承兑人签章 承兑日期 2020年11月01日			本汇票请予以承兑于到期日付款。 出票人签章		

天津恒达有限责任公司 财务专用章

中国银行天津滨海支行 业务办讫

此联收款人开户行随托收凭证寄付款行作借方凭证附件

图5-23 商业承兑汇票

14.11月17日，生产一部完工64G优盘5件（共计500个），生产完成后入产成品仓B货位。相关票据见图5-24。

入 库 单

2020年11月17日　　　　单号 0003

交来单位及部门	生产一部	发票号码或生产单号码		验收仓库	产成品仓B货位	入库日期	2020.11.17	
编号	名称及规格	单位	数量		实际价格（元）		计划价格（元）		价格差异（元）
			交库	实收	单价	金额	单价	金额	
	64G优盘	个	500	500					
合　计			500	500					

会计联

部门经理：何星振　　会计：刘志　　仓库：陈茵　　经办人：蒋天振

图5-24 入库单

15.11月20日，深圳广联公司采购64G优盘20件（共计2 000个），并以转账支票方式进行现结，一次性付清结算款，本公司根据收到的货款给对方单位开具了发票。相关票据见图5-25至图5-28。

购销合同

购方：深圳广联有限责任公司　　　　合同编号：X202011002

销方：重庆新科实业有限公司　　　　签订地点：重庆市江北区红康路138号

供需双方本着互利互惠、长期合作的原则，根据《中华人民共和国合同法》及双方的实际情况，就需方向供方采购事宜，订立本合同，以使双方在合同履行中共同遵守。

一、产品名称、数量、单价、金额：

产品名称	规格型号	计量单位	数量	单价（元）	金额（元）	备注
64G优盘		个	2 000	80.00	160 000.00	
合计					160 000.00	
合计人民币（大写）：壹拾陆万元整						

二、质量技术标准：供方对质量负责的条件和期限按合同企业标准。

三、交（提）货地点、方式：卖方发货至深圳市龙腾大道35号。

四、付款时间与付款方式：买方收到发票及货物验收合格后3日内付款。

五、运输方式及到达站港和费用负担：买方承担运费，卖方代垫运费。

六、合理损耗及计算方法：以实际数量验收。

七、包装标准、包装物的供应与回收：普通包装，不回收包装物。

八、验收标准、方法及提出异议期限：货到后需方可在7天内提出质量异议，不包括运输过程中造成的质量问题。

九、违约责任：按《合同法》。

十、解决合同纠纷的方式：双方协商解决。

十一、其他约定事项：本合同一式两份，需、供双方各一份，经双方盖章后即生效。

购方（盖章）：深圳广联有限责任公司
单位地址：深圳市龙腾大道35号
电　　话：0755-35486521
签订日期：2020.11.20
开户银行：中国工商银行深圳分行
账　　号：622218796012875635

销方（盖章）：重庆新科实业有限公司
单位地址：重庆市江北区红康路138号
电　　话：023-67848888
签订日期：2020.11.20
开户银行：交通银行重庆江北支行
账　　号：6578154866548793245

图5-25　购销合同

出　库　单

出货单位：重庆新科实业有限公司　　2020年11月20日　　单号 0002

提货单位或领货部门	深圳广联有限责任公司	销售单号	X202011002	发出仓库	产成品仓	出库日期	2020.11.20

编号	名称及规格	单　位	数　量		单价（元）	金额（元）
			应发	实发		
	64G优盘	个	2 000	2 000		
合　计			2 000	2 000		

会计联

部门经理：钱富武　　会计：刘志　　仓库：陈茵　　经办人：龚元才

图 5-26　出库单

重庆增值税专用发票

№ 38791269

5000164130　　记　账　联　　开票日期：2020年11月20日

全国统一发票监制章 重庆市 国家税务总局监制

购买方	名　　称：深圳广联有限责任公司 纳税人识别号：91687948013068095F 地 址、电 话：深圳市龙腾大道35号0755-35486521 开户行及账号：中国工商银行深圳分行6222187960120875635	密码区	8/3<17-85<771>0/1<< 80<<0 8>8><<393// 6/ -1055614-1 81479<00	加密版本：01 38791269

货物或应税劳务、服务名称	规格型号	单位	数量	单　价	金　额	税率	税　额
64G优盘		个	2 000	80.00	160 000.00	13%	20 800.00
合　计					￥160 000.00		￥20 800.00
价税合计(大写)	⊗壹拾捌万零捌佰元整						（小写）￥180 800.00

销货单位	名　　称：重庆新科实业有限公司 纳税人识别号：91500105MA5U86693U 地 址、电 话：重庆市江北区红原路138号023-6784888 开户行及账号：交通银行重庆江北支行6578154866548793245	备注	重庆新科实业有限公司 91500105MA5U86693U 发票专用章

第一联：记账联　销售方记账凭证

收款人：邓天贵　　复核：刘志　　开票人：邓天贵　　销售方（章）

图 5-27　增值税专用发票

交通银行 **进账单** （收账通知） **3**

2020年11月20日

出票人	全 称	深圳广联有限责任公司	收款人	全 称	重庆新科实业有限公司
	账 号	6222187960120875635		账 号	6578154866548793245
	开户银行	中国工商银行深圳分行		开户银行	交通银行重庆江北支行
金额	人民币（大写）	壹拾捌万零捌佰元整		亿千百十万千百十元角分	¥18080000
票据种类		票据张数			
票据号码					
	复核	记账		收款人开户银行签章	

交通银行江北支行 业务办讫章

此联是收款人开户银行交给收款人的收账通知

图5-28 进账单

16. 根据11月2日的报价，11月21日本公司与广州财富公司协商，对方同意64G优盘每个价格80元，订货数量减为1 000个，订单预发货日期为2020年11月25日。本公司确认后于11月23日（提前）发货并出库，本公司以现金代垫运费545元。当日开具增值税专用发票，货款尚未收到。相关票据见图5-29至图5-32。

购销合同

购方：广州财富有限责任公司　　　　合同编号：X202011003

销方：重庆新科实业有限公司　　　　签订地点：重庆市江北区红康路138号

供需双方本着互利互惠、长期合作的原则，根据《中华人民共和国合同法》及双方的实际情况，就需方向供方采购事宜，订立本合同，以使双方在合同履行中共同遵守。

一、产品名称、数量、单价、金额：

产品名称	规格型号	计量单位	数量	单价（元）	金额（元）	备注
64G优盘		个	1 000	80.00	80 000.00	
合计					80 000.00	
合计人民币（大写）：捌万元整						

二、质量技术标准：供方对质量负责的条件和期限按合同企业标准。

三、交（提）货地点、方式：卖方发货至广州市中山三路138号。

四、付款时间与付款方式：买方收到发票及货物验收合格后30日内付款。

五、运输方式及到达站港和费用负担：买方承担运费，卖方代垫运费。

六、合理损耗及计算方法：以实际数量验收。

七、包装标准、包装物的供应与回收：普通包装，不回收包装物。

八、验收标准、方法及提出异议期限：货到后需方可在7天内提出质量异议。不包括运输过程中造成的质量问题。

九、违约责任：按《合同法》。

十、解决合同纠纷的方式：双方协商解决。

十一、其他约定事项：本合同一式两份，需、供双方各一份，经双方盖章后即生效。

购方（盖章）：广州财富有限责任公司	销方（盖章）：重庆新科实业有限公司
单位地址：广州市中山三路138号	单位地址：重庆市江北区红原路138号
电　　话：020-58766879	电　　话：023-67848888
签订日期：2020.11.21	签订日期：2020.11.21
开户银行：中国建设银行广州分行	开户银行：交通银行重庆江北支行
账　　号：6221870248678132159	账　　号：6578154866548793245

图5-29　购销合同

出　库　单

出货单位：重庆新科实业有限公司　　2020年11月23日　　单号0003

提货单位或领货部门	广州财富有限责任公司	销售单号	X201611003	发出仓库	产成品仓	出库日期	2020.11.23
编号	名称及规格	单　位	数量 应发	数量 实发	单价（元）	金额（元）	
	64G优盘	个	1 000	1 000			
	合　计		1 000	1 000			

会计联

部门经理：钱富武　　会计：刘志　　仓库：陈茵　　经办人：龚元才

图5-30　出库单

借　款　单

2020年11月23日　　第0002号

借款部门	仓管部	姓名	陈茵	事由	代垫广州财富公司运费
借款金额（大写）	零万零仟伍佰肆拾伍元零角零分				￥545.00
部门负责人签署	同意 陈茵	借款人签章	陈茵	注意事项	一、凡借用公款必须使用本单 二、出差返回后三天内结算
单位领导批示	同意 王一发	财务经理审核意见	同意 刘志		现金付讫

图5-31　借款单

重庆增值税专用发票 № 38791270

5000164130 记账联 开票日期：2020年11月23日

购买方	名称：广州财富有限责任公司 纳税人识别号：91415406874105486G 地址、电话：广州市中山三路130号020-58766879 开户行及账号：中国建设银行广州分行6221870248676132159				密码区	1-931<22/372/10 4 26 >287<8 90964857<8/683 293016498-69633->>50-	加密版本：01 38791270
货物或应税劳务、服务名称	规格型号	单位	数量	单价	金额	税率	税额
64G优盘		个	1 000	80.00	80 000.00	13%	10 400.00
合计					￥80 000.00		￥10 400.00
价税合计(大写)	⊗玖万零肆佰元整					（小写）￥90 400.00	
销货单位	名称：重庆新科实业有限公司 纳税人识别号：91500105MA5U86693U 地址、电话：重庆市江北区红原路138号023-6784888 开户行及账号：交通银行重庆江北支行6578154866548793245				备注	重庆新科实业有限公司 91500105MA5U86693U 发票专用章	

第一联：记账联 销售方记账凭证

收款人：邓天贵 复核：刘志 开票人：邓天贵 销售方（章）

图5-32 增值税专用发票

17.11月24日，对生产一部、二部进行机器设备维修，共花费维修费3 000元，用转账支票支付。相关票据见图5-33至图5-34。

重庆增值税专用发票 № 69710213

5000164130 发票联 开票日期：2020年11月24日

购买方	名称：重庆新科实业有限公司 纳税人识别号：91500105MA5086693U 地址、电话：重庆市江北区红原路138号023-6784888 开户行及账号：交通银行重庆江北支行6578154866548793245				密码区	767/8/30 96537>038565 47<>4>-677199>7-63>1 ->94-475052-3>7<>524-	加密版本：01 69710213
货物或应税劳务、服务名称	规格型号	单位	数量	单价	金额	税率	税额
维修费		元	1	3 000.00	3 000.00	6%	180.00
合计					￥3 000.00		￥180.00
价税合计(大写)	⊗叁仟壹佰捌拾元整					（小写）￥3 180.00	
销售方	名称：重庆安福设备服务有限公司 纳税人识别号：91500103870521698H 地址、电话：重庆市江北区海尔路25号023-67786216 开户行及账号：中国建设银行重庆江北支行6224002658002319675				备注	重庆安福设备服务有限公司 91500103870521698H 发票专用章	

第三联：发票联 购买方记账凭证

收款人：张启发 复核：李萌 开票人：张启发 销售方（章）

图5-33 增值税专用发票

交通银行

转账支票存根

30109320

00023332

附加信息

出票日期 2020年11月24日

收款人：	重庆安福设备服务有限公司
金　额：	3 180.00
用　途：	维修费

单位主管　王一安　　会计　刘志

图5-34　转账支票存根

18.11月25日，销售员钱富武出差回来，报销11月1日向本公司预借的差旅费，实际花费1 500元，归还现金500元。相关票据见图5-35至图5-36。

差旅费报销单

2020年11月25日

所属部门	销售部	姓名	钱富武	出差天数	自11月21日至11月22日共 2天			
出事差由	洽谈业务			借旅支费	日期	2020.11.01	金额￥2 000.00	
					结算金额：￥1 500.00			
出发		到达		起止地点	交通费（元）	住宿费（元）	伙食费（元）	其他
月	日	月	日					
11	21	11	21	重庆至北京	500.00	300.00	100.00	
11	22	11	22	北京至重庆	500.00		100.00	
合　计				零拾零万壹仟伍佰零拾零元零角零分				

总经理：王一发　财务经理：刘志　部门经理：钱武富印　会计：刘志　出纳：邓天贵　报销人：钱武富印

图5-35　差旅费报销单

收　款　收　据

NO.0490021

2020年11月25日

今收到 钱富武

交来：预借差旅费2 000.00元，实际报销1 500.00元，交回余款500.00元

金额（大写）零 拾 零 万 零 仟 伍 佰 零 拾 零 元 零 角 零 分

现金收讫

¥ 500.00　☑现金　☐支票　☐信用卡　☐其他　收款单位（盖章）

第三联交财务

核准：刘志　会计：刘志　记账：刘志　出纳：邓天贵　经手人：邓天贵

图5-36　收款收据

19.11月28日，生产二部完工入库128G优盘10件（共计1 000个），入成品仓C货位。相关票据见图5-37。

入　库　单

2020年11月28日　　单号 0004

交来单位及部门	生产二部	发票号码或生产单号码		验收仓库	产成品仓C货位	入库日期	2020.11.28

编号	名称及规格	单位	数量		实际价格（元）		计划价格（元）		价格差异（元）
			交库	实收	单价	金额	单价	金额	
	128G优盘	个	1 000	1 000					
合　计			1 000	1 000					

会计联

部门经理：何星振　会计：刘志　仓库：陈茵　经办人：方富玄

图5-37　入库单

20.11月30日，财务部检查本期已入库未结算的入库单，并对其进行暂估处理。暂估价参照存货期初数据表。

21.11月30日，在职人员工资数据见表5-33。

表 5-33　　在职人员工资数据

行政部门	人员姓名	基本工资（元）	缺勤天数（天）	个税专项附加扣除额
综合部	王刚	6 200	1	500
	张小瑜	6 000		
财务部	刘志	6 500		700
	邓天贵	6 300		1 000
采购部	范继聚	6 800	1	
	朱千	6 700		
销售部	钱富武	6 500		1 500
	龚元才	6 300	3	
生产一部	何星振	6 700		1 300
	蒋天振	6 500	2	
生产二部	韩娅	6 300		500
	方富玄	5 900		
仓管部	陈茵	5 800		500

其中：

津贴为500元/月。

采购人员和营销人员的交通补贴为600元/月，其他人员的交通补贴为300元/月。

职务补贴按“基本工资”的10%计算。

医疗保险按“基本工资”的2%计算，养老保险按“基本工资”的8%计算，其他保险及经费暂未缴纳。

缺勤扣款=基本工资/22*缺勤天数*80%

计税基数=基本工资+职务补贴+津贴+交通补贴-医疗保险-养老保险-缺勤扣款-个税专项附加扣除额

工资分摊基数=基本工资+职务补贴+津贴+交通补贴-缺勤扣款

个人所得税按“计税基数”扣除“5 000”元后计税，税率按2019年新税率执行。

生产一部人员工资分摊到64G优盘的生产成本中，生产二部人员工资分摊到128G优盘的生产成本中；生产部管理人员及生产人员工资均计入人工费。（仅计提工资）

22.11月30日，计提1月份固定资产折旧。

23.11月30日，财务部对当月材料出库业务进行材料成本结转。

24.11月30日，财务部将相应制造费用结转到生产成本（生产一部与生产二部的制造费用比例按本月产出数量比例分摊），生产一部制造费用全部分摊到64G优盘项目上，生产二部全部制造费用分摊到128G优盘项目上。

25.11月30日，将本月发生的生产成本全额分配到产成品入库单中。

26.11月30日，根据当月销售业务结转相应的销售成本。

27.11月30日，计算本月税费。

28.11月30日，结转本月期间损益。

29.11月30日，编制11月份资产负债表、利润表，并将报表保存到D盘。

参考答案

第一部分　习题训练

项目一　会计信息化认知

任务一　走进会计信息化

一、判断题

1	2	3	4	5	6	7	8	9	10
√	√	√	√	×	√	×	×	√	×
11	12	13	14	15	16	17	18	19	
√	√	√	√	√	√	×	×	×	

二、单项选择题

1	2	3	4	5	6	7	8	9	10
A	C	C	B	A	A	D	B	D	B
11	12	13	14						
C	B	B	C						

三、多项选择题

1	2	3	4	5	6	7	8	9	10
ABCD	ABC	ABCD	ABCD	BCD	ABC	ABC	ABD	BCD	ABCD
11	12	13							
ABCD	AD	ABC							

任务二　会计信息化工作规范

一、判断题

1	2	3	4	5	6	7	8	9	10
√	√	√	√	×	×	√	√	×	×
11	12	13	14	15	16	17	18		
√	√	√	√	√	×	×	×		

二、单项选择题

1	2	3	4	5	6	7	8	9	10
A	D	B	C	C	C	C	A	A	A
11	12								
D	B								

三、多项选择题

1	2	3	4	5	6	7	8	9	10
ABCD	ABCD	ABCD	ABC	ABCD	ABCD	ACD	AC	ACD	ABCD
11	12	13	14	15	16	17	18		
ABC	CD	ABD	ABCD	ABCD	ABCD	ACD	ABD		

任务三　会计信息化实施

一、判断题

1	2	3	4	5	6	7	8	9	10
√	√	√	√	√	√	×	√	×	√
11	12	13	14	15	16	17	18		
×	√	×	×	√	√	×	×		

二、单项选择题

1	2	3	4	5	6	7	8	9	10
B	C	C	C	D	A	A	D	B	D
11	12								
C	C								

三、多项选择题

1	2	3	4	5	6	7	8	9	10
ABCD	BC	ABCD	AC	ABCD	ABC	ABC	ABCD	ACD	AB
11	12	13							
ACD	BD	CD							

任务四　会计软件功能结构

一、判断题

1	2	3	4	5	6	7	8	9	10
√	√	√	√	√	√	√	√	√	√
11	12	13	14	15	16				
√	√	√	×	√	√				

二、单项选择题

1	2	3	4	5	6	7	8	9	10
A	B	C	C	B	B	C	A	D	A
11	12	13	14	15	16				
B	A	C	C	A	C				

三、多项选择题

1	2	3	4	5	6	7	8	9	10
ABCD	BCD	AD	ABCD	ABCD	ABC	ABC	ABC	BD	ABCD
11	12	13							
ABCD	ABCD	ABCD							

任务五　会计软件基本应用流程

一、判断题

1	2	3	4	5	6	7	8	9	10
√	×	×	×	√	√	√	×	√	√

二、单项选择题

1	2	3	4	5	6	7	8
B	B	B	B	D	C	C	C

三、多项选择题

1	2	3	4	5	6	7	8	9	10
ABC	AC	ABCD	ABC	CD	BCD	ABD	ABC	ABCD	AB
11	12	13	14	15	16				
ABCD	AB	AC	BCD	ABC	ABCD				

项目二　系统管理

任务一　登录系统管理

一、判断题

1	2	3	4	5	6	7	8
×	×	√	√	√	√	×	√

二、单项选择题

1	2	3	4	5	6	7	8
A	B	C	C	C	B	D	A

三、多项选择题

1	2	3
AC	ACD	ABCD

任务二　操作员管理

一、判断题

1	2	3	4	5
√	×	√	√	×

二、单项选择题

1	2	3	4
C	A	C	B

三、多项选择题

1	2
BCD	ACD

任务三 账套管理

一、判断题

1	2	3	4	5	6	7	8	9	10
×	×	×	√	×	×	×	×	√	×
11	12	13	14						
×	√	×	×						

二、单项选择题

1	2	3	4	5	6	7	8	9	10
B	A	C	C	B	C	A	D	B	B
11	12	13	14	15					
C	B	D	D	D					

三、多项选择题

1	2	3	4	5	6	7	8	9	10
ABCD	ABCD	BCD	BC	ABCD	CD	ABCD	ABD	ABD	AB
11	12	13	14						
BC	BD	AC	AD						

任务四 操作员权限管理

一、判断题

1	2	3	4	5	6
√	√	×	√	×	×

二、单项选择题

1	2	3	4	5	6
B	D	A	B	C	B

三、多项选择题

1	2	3
ACD	ABD	CD

项目三 会计核算基础资料设置

任务一 总账管理参数设置

一、判断题

1	2	3	4	5
√	×	×	√	×

二、单项选择题

1	2
D	A

三、多项选择题

1	2
ABCD	ABCD

任务二 公共基础档案设置

一、判断题

1	2	3	4	5
√	√	×	√	√

二、单项选择题

1	2	3
D	D	D

三、多项选择题

1	2	3
ABCD	ACD	ABD

任务三 财务基础档案设置

一、判断题

1	2	3	4	5	6	7	8	9	10
√	×	√	×	×	√	×	×	√	√
11	12	13	14	15	16	17			
×	√	√	√	×	√	√			

二、单项选择题

1	2	3	4	5	6	7	8	9	10
D	C	D	A	D	A	D	A	B	B
11	12	13	14	15	16	17	18		
B	D	C	D	A	D	B	D		

三、多项选择题

1	2	3	4	5	6	7	8	9	10
ABD	ABCD	ABC	BCD	ABD	ABC	ACD	BC	BC	ABCD
11	12								
ABCD	ABCD								

任务四　总账期初余额录入

一、判断题

1	2	3	4	5	6	7	8	9	10
√	√	×	×	×	×	×	×	√	√
11	12								
×	√								

二、单项选择题

1	2	3	4	5	6	7	8
B	D	A	B	A	A	C	A

三、多项选择题

1	2	3	4
AD	BCD	ABD	ABCD

项目四　总账系统业务处理

任务一　凭证填制

一、判断题

1	2	3	4	5	6	7	8	9	10
×	√	×	√	×	×	×	×	√	√
11	12	13	14	15	16	17	18	19	20
×	×	×	×	√	×	√	×	×	×
21									
×									

二、单项选择题

1	2	3	4	5	6	7	8	9	10
C	B	A	B	C	C	A	A	D	D
11	12	13	14	15	16	17	18	19	20
A	C	B	A	B	A	D	D	C	D
21	22	23	24	25	26	27	28	29	30
A	B	C	C	D	C	A	D	D	A
31	32								
B	C								

三、多项选择题

1	2	3	4	5	6	7	8	9	10
ABD	BCD	BD	BC	ABCD	AB	ABCD	CD	AC	ABD
11	12	13	14	15	16	17			
ABC	ABC	AD	BD	ABCD	ABD	ABCD			

任务二 出纳签字

一、判断题

1	2	3
√	√	×

二、单项选择题

B

三、多项选择题

AB

任务三 凭证审核

一、判断题

1	2	3	4	5	6	7	8	9
√	√	×	√	×	×	√	×	×

二、单项选择题

1	2	3	4	5	6
D	B	B	D	B	C

三、多项选择题

1	2	3	4	5
ABCD	BD	ABC	BC	AD

任务四 凭证记账

一、判断题

1	2	3	4	5	6	7	8	9	10
√	×	×	√	√	×	√	×	√	×
11	12								
×	√								

二、单项选择题

1	2	3	4	5	6	7	8	9
C	A	D	C	B	B	D	A	B

三、多项选择题

1	2	3	4	5	6
CD	BCD	AC	ABCD	ABCD	ABCD

任务五 凭证管理

一、判断题

1	2	3	4
√	√	√	×

二、单项选择题

1	2	3	4	5
B	C	C	A	A

三、多项选择题

1	2	3	4	5	6	7	8
AB	ACD	ABC	ABC	ABD	AB	ACD	ABCD

任务六 账簿查询

一、判断题

1	2	3	4	5	6
√	×	√	√	√	×

二、单项选择题

1	2	3	4	5	6	7	8
B	B	B	A	C	C	B	A

三、多项选择题

1	2	3	4	5	6	7	8	9	10
ABC	ABC	ACD	ABCD	ABCD	ABCD	BCD	ABCD	CD	ABCD

任务七 期末处理

一、判断题

1	2	3	4	5	6	7	8	9	10
×	×	×	×	×	√	×	×	√	×
11	12	13	14	15	16	17	18	19	20
√	√	√	×	√	×	√	√	×	√
21	22								
√	×								

二、单项选择题

1	2	3	4	5	6	7	8	9	10
A	C	A	D	A	C	A	B	B	A
11	12	13	14	15	16	17	18	19	20
A	A	D	B	C	B	D	D	D	C

三、多项选择题

1	2	3	4	5	6	7	8	9	10
BD	BCD	AC	ABC	ABC	ABC	AC	ABCD	ABC	ABCD
11	12	13	14	15	16				
ABD	ABCD	AD	BC	ABCD	ABCD				

项目五 现金银行管理

任务一 系统初始化设置

一、判断题

1	2	3	4
×	×	×	√

二、单项选择题

D

三、多项选择题

ABCD

任务二　库存现金日记账

一、判断题

√

二、单项选择题

C

三、多项选择题

AC

任务三　银行存款日记账

一、判断题

1	2
×	√

二、单项选择题

A

三、多项选择题

ABC

任务四　银行对账

一、判断题

1	2	3	4	5	6	7	8	9	10
√	√	×	×	×	×	×	√	×	√
11									
×									

二、单项选择题

1	2	3	4	5	6	7	8
B	C	B	C	B	B	A	C

三、多项选择题

1	2	3	4	5
BCD	BD	ACD	CD	ABCD

任务五　支票管理

一、判断题

1	2	3	4	5	6
√	√	√	×	√	×

二、单项选择题

A

三、多项选择题

1	2	3
AB	AB	ACD

项目六　往来管理

任务一　客户往来两清

一、判断题

1	2	3	4
√	√	×	×

二、单项选择题

1	2
C	D

三、多项选择题

1	2
ABC	ABD

任务二　供应商往来两清

一、判断题

1	2	3	4	5
√	√	√	√	√

二、单项选择题

B

三、多项选择题

1	2
AC	ABD

任务三　往来查询及函证

一、判断题

1	2
√	√

二、单项选择题

B

三、多项选择题

AB

任务四 往来账龄分析

一、判断题

1	2	3	4	5
√	×	√	√	√

二、单项选择题

1	2	3
D	D	B

项目七 职工薪资管理

任务一 薪资管理系统初始化

一、判断题

1	2	3	4	5	6	7	8	9	10
√	×	×	√	×	√	√	√	×	√
11	12	13	14	15					
√	√	×	×	×					

二、单项选择题

1	2	3	4	5	6	7	8	9	10
B	C	D	B	D	C	C	D	C	A
11	12								
B	D								

三、多项选择题

1	2	3	4	5	6	7	8	9	10
ABCD	ABC	ABCD	ACD	BCD	AD	AC	ABC	ABCD	ABCD
11									
AD									

任务二 薪资管理日常业务处理

一、判断题

1	2	3	4	5	6	7	8	9	10
√	×	√	×	√	×	√	√	×	√
11									
√									

二、单项选择题

1	2	3	4	5	6	7	8	9	10
C	A	C	A	A	C	B	C	B	B

三、多项选择题

1	2	3	4	5	6	7	8
ABCD	ABCD	BC	ABC	AB	AB	AC	ABCD

任务三 薪资管理期末处理

一、判断题

1	2	3
×	√	√

二、单项选择题

1	2	3	4
C	B	A	A

三、多项选择题

1	2	3	4
BC	ABD	BCD	ABC

项目八 固定资产管理

任务一 固定资产管理系统初始化

一、判断题

1	2	3	4	5	6	7	8	9	10
×	×	√	√	×	√	×	√	×	√
11	12	13	14	15					
√	√	×	√	×					

二、单项选择题

1	2	3	4	5	6	7	8	9
D	C	A	C	C	D	A	B	A

三、多项选择题

1	2	3	4	5	6	7	8	9
ABCD	AC	ABCD	ABCD	ABCD	ABCD	ACD	ABC	ABC

任务二 固定资产管理日常业务处理

一、判断题

1	2	3	4	5	6	7	8	9	10
×	×	√	√	√	×	√	√	×	√

二、单项选择题

1	2	3	4	5	6	7	8	9	10
A	C	B	C	B	C	B	D	C	C

三、多项选择题

1	2	3	4	5	6	7	8
ABCD	ABCD	ABCD	CD	ABCD	ABCD	ABCD	BCD

任务三　固定资产管理期末处理

一、判断题

1	2	3	4
×	√	√	×

二、单项选择题

1	2	3
B	C	C

三、多项选择题

1	2	3
BC	BD	ABCD

项目九　财务报表管理

任务一　报表格式设计

一、判断题

1	2	3	4	5	6	7	8	9	10
√	×	√	√	×	×	×	√	√	×
11	12	13	14	15	16	17	18	19	20
√	×	×	√	×	√	√	√	×	×
21	22	23	24	25	26	27	28	29	30
√	√	×	×	×	×	×	√	×	√
31	32	33	34	35					
×	√	√	√	√					

二、单项选择题

1	2	3	4	5	6	7	8	9	10
C	C	B	B	C	C	A	C	B	C
11	12	13	14	15	16	17	18	19	20
D	C	A	A	A	A	C	B	B	A
21	22	23	24	25	26	27	28	29	
B	A	D	D	B	C	C	A	D	

三、多项选择题

1	2	3	4	5	6	7	8	9	10
AB	ABC	ABCD	AB	ABCD	BC	CD	ABC	AB	AC
11									
ABCD									

任务二 报表数据处理

一、判断题

1	2	3	4	5	6	7	8	9	10
×	√	√	×	×	√	√	×	√	√
11	12	13	14	15	16	17	18	19	20
×	×	√	×	√	×	√	√	√	√
21	22	23	24	25	26	27	28	29	30
√	×	√	√	√	×	×	√	√	√
31	32								
√	√								

二、单项选择题

1	2	3	4	5	6	7	8	9	10
A	D	B	A	D	C	C	A	C	B
11	12	13	14	15					
B	D	A	D	C					

三、多项选择题

1	2	3	4	5	6	7	8
BCD	ABC	BCD	BCD	ABD	AD	ABC	BCD

任务三 报表模板应用

一、判断题

1	2	3	4	5	6	7	8	9	10
×	×	×	×	√	×	×	√	√	√
11	12	13	14	15	16	17	18		
√	√	√	√	√	√	√	×		

二、单项选择题

1	2	3	4	5	6	7	8	9	10
A	C	B	D	D	D	B	D	B	D
11	12	13							
C	B	C							

三、多项选择题

1	2	3	4	5	6	7	8	9	10
ABCD	ABCD	ABCD	ACD	ABCD	ABCD	ABCD	AD	CD	ABCD

项目十　购销存管理系统初始化处理

任务一　购销存管理系统基础档案初始化

一、判断题

1	2	3	4	5
√	×	√	√	×

二、单项选择题

1	2
A	A

三、多项选择题

1	2
ABC	ABC

任务二　采购管理系统初始化

一、判断题

1	2	3	4	5
×	√	√	√	√

二、单项选择题

1	2
B	C

三、多项选择题

1	2	3
ABC	ABCD	ABC

任务三　销售管理系统初始化

一、判断题

1	2	3	4
×	√	×	√

二、单项选择题

1	2	3	4	5
A	B	B	A	D

三、多项选择题

1	2
BCD	ABD

任务四 库存管理系统初始化

一、判断题

1	2	3	4
×	√	√	√

二、单项选择题

1	2	3	4
B	C	C	B

三、多项选择题

1	2	3	4
ABD	ABD	BD	ABCD

任务五 核算管理系统初始化

一、判断题

1	2	3
×	√	×

二、单项选择题

1	2
B	D

三、多项选择题

1	2
BC	ABC

项目十一 购销存日常业务处理

任务一 日常采购业务处理

一、判断题

1	2	3	4	5	6	7	8
√	√	√	×	×	×	√	√

二、单项选择题

1	2	3	4	5
A	C	B	D	A

三、多项选择题

1	2	3	4	5	6
BC	ABCD	ABCD	ABCD	AC	ABD

任务二 日常销售业务处理

一、判断题

1	2	3	4	5	6	7
√	√	√	×	√	√	×

二、单项选择题

1	2	3	4	5	6	7	8	9	10
B	B	A	B	D	B	B	C	D	A

三、多项选择题

1	2	3	4	5	6	7	8	9
ABCD	AB	AC	BCD	BCD	AB	CD	ABCD	ABCD

任务三 日常库存业务处理

一、判断题

1	2	3	4
√	√	×	×

二、单项选择题

1	2	3
C	C	D

三、多项选择题

1	2	3	4
ABC	ABCD	AC	ABC

任务四 日常存货核算业务处理

一、判断题

1	2	3	4	5
√	×	×	√	×

二、单项选择题

1	2	3	4	5
B	D	B	B	A

三、多项选择题

1	2	3
ABC	AC	AC

项目十二 购销存期末业务处理

一、判断题

1	2	3	4	5
×	√	√	×	×

二、单项选择题

1	2	3	4	5
A	A	A	C	C

三、多项选择题

1	2	3	4	5	6	7	8
BCD	ABC	ABC	BCD	AD	ACD	ABCD	ABCD

第四部分 综合测试

模拟测试卷一

一、判断题

1	2	3	4	5	6	7	8	9	10
√	√	×	√	×	√	×	×	√	×

二、单项选择题

1	2	3	4	5	6	7	8	9	10
B	A	C	B	A	D	A	A	B	A

三、多项选择题

1	2	3	4	5	6	7	8	9	10
AC	ABCD	BCD	ABC	BCD	ABD	ABD	BCD	AC	ABCD

模拟测试卷二

一、判断题

1	2	3	4	5	6	7	8	9	10
×	√	×	×	√	×	×	√	×	×

二、单项选择题

1	2	3	4	5	6	7	8	9	10
A	D	C	C	A	C	B	A	A	D

三、多项选择题

1	2	3	4	5	6	7	8	9	10
ABCD	ABC	ACD	ACD	AD	ABCD	BCD	ABC	AB	ABCD

模拟测试卷三

一、判断题

1	2	3	4	5	6	7	8	9	10
×	×	×	√	√	×	√	√	×	√

二、单项选择题

1	2	3	4	5	6	7	8	9	10
A	C	C	D	B	C	A	B	C	B

三、多项选择题

1	2	3	4	5	6	7	8	9	10
BCD	ABCD	BCD	ACD	ABCD	ABCD	CD	ABCD	ACD	ACD

模拟测试卷四

一、判断题

1	2	3	4	5	6	7	8	9	10
√	×	√	×	√	×	√	×	√	×

二、单项选择题

1	2	3	4	5	6	7	8	9	10
A	A	B	B	A	D	D	D	D	C

三、多项选择题

1	2	3	4	5	6	7	8	9	10
BD	BCD	ABCD	ABCD	ABD	ACD	BCD	BCD	ABC	ABD

模拟测试卷五

一、判断题

1	2	3	4	5	6	7	8	9	10
√	√	×	√	×	√	×	×	√	×

二、单项选择题

1	2	3	4	5	6	7	8	9	10
B	D	C	B	D	C	A	D	B	B

三、多项选择题

1	2	3	4	5	6	7	8	9	10
ABCD	BCD	ABCD	ABD	ABD	ABCD	BCD	ABC	ABD	ABCD

模拟测试卷六

一、判断题

1	2	3	4	5	6	7	8	9	10
×	√	√	√	×	√	√	×	×	×

二、单项选择题

1	2	3	4	5	6	7	8	9	10
D	A	D	B	C	B	B	D	A	A

三、多项选择题

1	2	3	4	5	6	7	8	9	10
AB	AC	ABCD	ABCD	ABCD	ABD	BD	ABC	AB	ABC

模拟测试卷七

一、判断题

1	2	3	4	5	6	7	8	9	10
×	√	×	×	×	×	×	√	×	√

二、单项选择题

1	2	3	4	5	6	7	8	9	10
A	C	D	B	B	D	C	B	A	B

三、多项选择题

1	2	3	4	5	6	7	8	9	10
ABCD	BC	CD	ACD	ABD	ABC	ABCD	ABC	BC	ABC

模拟测试卷八

一、判断题

1	2	3	4	5	6	7	8	9	10
√	×	×	×	√	×	×	√	√	√

二、单项选择题

1	2	3	4	5	6	7	8	9	10
A	B	D	B	D	A	A	A	A	D

三、多项选择题

1	2	3	4	5	6	7	8	9	10
ABCD	ACD	ABCD	ABCD	BCD	ABD	BD	BCD	ABCD	BCD

模拟测试卷九

一、判断题

1	2	3	4	5	6	7	8	9	10
√	×	√	×	×	√	×	×	√	√

二、单项选择题

1	2	3	4	5	6	7	8	9	10
A	D	D	C	D	D	B	A	D	C

三、多项选择题

1	2	3	4	5	6	7	8	9	10
ABC	ABCD	CD	CD	AB	AB	ABCD	ABCD	ACD	ABCD

参考文献

[1] 汪刚，付奎亮. 会计信息系统实验［M］. 5版. 北京：高等教育出版社，2016.

[2] 孙莲香. 会计电算化上机实验［M］. 2版. 北京：高等教育出版社，2014.

[3] 庄胡蝶. 会计信息化学习指导、习题与项目实训（用友ERP-U8V10.1）［M］. 2版. 北京：高等教育出版社，2017.

[4] 孙义，孙波，孙胜儒. 会计信息化综合模拟实训［M］. 北京：高等教育出版社，2014.

[5] 李建军. 会计电算化配套习题［M］. 北京：中国财政经济出版社，2015.

[6] 重庆市会计学会. 会计电算化配套习题［M］. 成都：西南交通大学出版社，2014.

[7] 中华会计网校. 会计电算化机考模拟题库训练［M］. 北京：人民出版社，2015.

[8] 苏飏. 2016年初级会计电算化习题集［M］. 北京：科学出版社，2016.